'내마음은 충전중'

일상에 지친 당신을 위한 행복 에너지 채우기

내 마음은 충전중

김근하 지음

서 사 원

회복을 방해하는
마음의 소리

밤 12시 넘어서 집에 들어오신 아버지는 어김없이 술을 드시고 오셨습니다. 방에서 곤히 자고 있는데 갑자기 아버지와 어머니께서 큰 소리로 싸우는 소리가 들렸죠. 싸움은 새벽 1시가 넘어서까지 계속되었습니다. 무엇 때문에 싸우셨는지는 잘 모르겠어요. 부모님의 언쟁은 빈번하게 있는 일이었으니까요. 제 방 안에서도 두 분의 목소리가 꽤 크게 들렸습니다. 갑자기 쿵쾅거리는 발소리가 들리더니 곧이어 엄마의 다급한 목소리가 들렸어요. "주여!" 그 순간 제 방문이 열렸고 엄마는 황급히 들어와 방문을 잠갔습니다. 새벽 2시 넘어서까지 아버지는 잠긴 문을 쿵쿵 두드리며 "문 열어! 문 열라고!" 고함을 치셨죠. 엄마는 제 팔을 꽉 잡고 있었고 아버지는 문틈 사이로 예리한 칼날을 우겨 넣으

며 문을 열려고 애썼습니다. 저는 문이 열리면 어쩌나 걱정하며 몸을 한없이 웅크린 채 구석에 앉아 있었습니다. 문 쪽에서 최대한 멀리 떨어진 채 말이죠.

한 시간쯤 흘렀을까요? 문밖이 조용해졌습니다. 엄마는 숨을 죽이며 조용히 방문을 열었습니다. 아버지는 소파에 대자로 뻗은 채 코를 골며 주무시고 계셨어요. 어릴 적 기억 중 떠오르는 기억의 8할은 아버지의 난폭한 술주정입니다.

아침에 일어나 아무 일 없었다는 듯이 출근 준비를 하고 있는 아버지를 봤습니다. 신기했습니다. 넥타이를 반듯하게 매고는 밥을 드시고 계셨는데, 어제 그분이 맞나 싶었습니다. 어제의 이야기를 꺼내는 사람은 아무도 없었습니다. 엄마는 말없이 부엌에서 아침밥을 챙겨주셨고, 사 남매는 조용히 식탁에 앉아 밥을 먹었습니다.

어느 날 새벽, 인기척이 들렸습니다. 엄마가 짐 가방을 들고 현관문에 서 있었어요. 저는 아침잠이 유난히 많았는데 그날의 인기척은 지금도 귓가에 선명합니다. 엄마는 식구들 몰래 집을 나갈 생각으로 현관문을 열다가 저와 눈이 딱 마주쳤던 겁니다. 엄마는 과감하게 현관문을 열었고 저도 겉옷을 주섬주섬 챙겨 입고 따라나섰습니다. 성큼성큼 정류장을 향해 돌진하듯 발걸음을 옮기는 엄마를 따라 걸으며 가지 말라고 말렸어요.

"엄마, 안 나가면 안 돼요? 엄마… 제가 잘할게요. 엄마 안 나가면 안 돼요? 엄마… 엄마… 네? 제발요."

야속하게도 엄마는 말 한마디 없이 버스를 탔습니다. 스산한 아침 공기가 온몸으로 스며들었습니다. 저 혼자 덩그러니 한참을 정류장에 서 있었어요. 집으로 걸어오며 하염없이 눈물을 흘렸습니다. 눈물, 콧물 범벅이 되어 간신히 집으로 돌아왔어요. 엄마가 세상에서 사라진 느낌이었습니다.

'엄마가 왜 없어져. 없어진다면 아빠가 없어져야지. 왜 엄마가 나가. 엄마는 잘못한 것도 없는데.'

집을 나간 엄마가 원망스러운 게 아니라 집에 멀쩡히 있는 아버지가 원망스럽더라고요. 엄마가 나간 뒤부터 아버지를 원망하는 마음은 점점 커져만 갔습니다.

'왜 하필 나는 술만 먹으면 폭력적으로 변하는 아버지를 만났을까? 왜 나는 이런 집에 태어났을까? 왜 하필 나는… 왜! 왜!' 세상의 모든 불행이 저에게만 일어나는 것 같았습니다.

엄마는 일주일 뒤 기적처럼 식구들 앞에 나타났습니다. 아버지가 엄마의 친구들에게 전화해서 수소문 끝에 찾아내셨더라고요. 하지만 시간이 흘러도 아버지의 술주정은 여전했습니다. 우리 가족에겐 두 가지 밤만이 존재했죠. 아버지가 멀쩡한 밤, 그리고 괴물이 되는 밤.

아버지께 술로 인한 불편한 감정을 이야기하면 아버지는 더 역정을 내셨습니다. 이런 경험들이 반복되자 감정을 숨기고 아무 일 없는 듯 사는 게 익숙해졌습니다. 슬퍼도 슬프지 않은 척 연기를 하며 살았습니다. 스트레스를 받으면 아무렇지 않은 척 연기를 했을 뿐이지 염

려와 걱정이 사라지지는 않았습니다. 마음은 행복을 간절히 바라면서도 습관적으로 내뱉는 말들은 불평과 불만이 가득했습니다. 겉으로 감정을 표현하는 것이 두려워 속으로만 불평하며 살았습니다.

긍정심리학자 마틴 셀리그만(Martin Seligman)은 세 가지 P가 회복을 방해한다고 했습니다.

"첫 번째 P는 '왜 나에게만 이런 일이 일어나는 거야?'라고 생각하는 개인화(Personalization), 두 번째 P는 삶의 모든 영역에 영향을 미칠 거라고 생각하는 침투성(Pervasiveness), 세 번째 P는 사건의 여파가 영원히 계속될 것이라고 생각하는 영속성(Permanence)이다."

저 또한 '이런 일이 왜 나한테만 일어나는 거지?', '욱하는 남동생의 성격은 아버지 때문이야'라는 생각에 사로잡혀 있었습니다. 이 갈등이 영원할 것만 같아 암담했죠.

회복탄력성을 배우면서 알았습니다. 저처럼 아버지 때문에 고통받거나, 직장에서 상사에게 괴롭힘을 당하거나 혹은 후배에게 무시당하거나, 갑자기 건강을 잃어 병원 신세를 지게 되거나, 사업이 망해서 좌절하는 등 일상에서 예기치 못한 불행을 맞이했을 때 낙심하고 걱정과 불안을 안고 매 순간 누군가를 비난하며 삶을 포기한 듯 사는 사람이 있고, 동일한 경험을 해도 역경에 맞서고 회복탄력성을 키우며 삶의 기쁨을 누리며 사는 사람이 있었습니다. 회복탄력성을 꾸준히 훈련한 사람들은 스트레스를 받고 뜻밖의 상황에 놓이게 되더라도 이성적으로 자신을 관찰하고 차분하게 문제를 해결해나갔습니다. 저도 매 순간 삶의 기쁨을 누리며 살고 싶었습니다. 유년 시절 느끼지 못한 삶의 기쁨까지 끌어당겨 보상받고 싶은 심정이었죠.

나이가 들수록 행복에 대한 열망은 커져갔습니다. 행복에 대한 간절한 열망은 행복한 사람들에 대한 궁금증과 함께 회복탄력성에 대한 배움으로 연결되었습니다. 2016년 회복탄력성이라는 프로그램을 알게 된 후 4년간 지속적으로 훈련을 했습니다. 4년이 흐른 지금, 마음은 조금 더 단단해졌습니다. 스트레스만 받으면 유리잔처럼 깨졌던 마음이 그리 쉽게 깨지지 않더군요.

그렇다고 우울해지지 않거나 화를 아예 안 내는 것은 아닙니다. 우울한 감정에 오랫동안 매몰되어 있지 않을 뿐입니다. 슬픈 일이 있을 때 눈물을 흘리지 않느냐? 아닙니다. 슬픔이 오래가지 않을 뿐입니다. 불평, 불만을 표현하지 않는 것도 아닙니다. 길게 하지 않을 뿐입니다. 억울한 일이 있어도 남 욕을 하지 않느냐? 그럴 리가요. 저도 인간인걸요. 화를 내되 상대를 탓했던 마음을 돌려 서로가 성장하는 방향으로 빠르게 전환하는 삶을 살게 되었습니다. 회복탄력성 훈련을 하고 변화된 제 모습입니다.

이렇게 변하게 된 이유가 무엇일까요? 일상에서 방전되는 순간을 알아차리고 에너지를 넉넉히 비축해두거나 틈틈이 에너지를 채웠기 때문입니다. 회복탄력성은 신체적, 정서적, 정신적, 영성적 영역에서 채울 수 있습니다. 네 가지 에너지가 균형 있게 채워졌을 때 회복과 성장을 가져다줍니다.

이 책 1, 2, 3장에서는 각각 에너지 알아차림, 회복, 확장이라는 회복탄력성의 세 가지 핵심 개념을 다룹니다. 에너지를 충전하려면 먼저 에너지가 고갈되는 상황을 알아차리는 것이 중요합니다. 그래서 1장에서는 에너지가 고갈되는 순간을 알아차리자는 의미에서 크고 작은 트라우마로 인한 생각의 오류와 왜곡된 신념들, 에너지가 고갈되는 네 가지 대화법, 관계 속에서 숨이 막히는 상황들, 완벽주의 성향으로 인한 불안감 등을 소개합니다.

2장에서는 에너지 회복을 위해 미국 하트매스 연구소(HeartMath Institute)에서 개발한 심호흡법, 빠른 진정법, 장면 정지 기법 외에도 도전 정신 관리법(기억자아)과 에너지 충전 대화법을 소개합니다.

3장에서는 회복을 넘어 에너지를 확장하는 방법으로 관계 선행, 성찰 질문, 프로들의 에너지 관리법, 다행일기, 존재 가치, 평정심 유지법, 감사 방법, 마음햇살 보내는 방법 등을 소개합니다(3장은 회복탄력성의 네 가지 영역 중 정서적 영역에 초점이 맞춰져 있습니다).

에너지가 고갈되는 순간은 매일 있었습니다. 그때마다 다양한 충전법을 삶에 적용하며 살았습니다. 이 책을 선택한 당신에게도 회복 에너지를 발견하는 기쁨이 전달되길 진심으로 소망합니다. 일상에서 경험하는 작고 소소한 스트레스를 극복하고 삶의 기쁨을 누리고 나누는 데 이 책이 도움이 되기를 바랍니다.

2020년 3월

김근하

Chapter 3 에너지 확장

Chapter 1

에너지 고갈

뒤에서 어깨만 두드려도
놀라는 나
생각의 오류

강사가 되기 전에 7년 동안 이탈리안 레스토랑에서 근무했습니다. 아르바이트생에서 매니저가 되기까지 다양한 고객을 만났었죠. 그중에서 오랫동안 기억에 남는 고객이 한 명 있습니다. 예약 손님으로 가득 찼던 주말, 스무 명이 예약된 연회 룸을 맡았습니다. 세 명의 직원이 스무 명의 고객을 책임져야 했죠. 이탈리아 요리 풀코스(수프-샐러드-파스타-스테이크-디저트-커피)에 식전 빵과 와인까지 서비스해야 하는 상황이라 몹시 분주했습니다. 식사 시간이 한 시간쯤 지났을까요? 스테이션에서 빵과 피클 등을 준비하고 있었습니다. 메인 요리와 함께 와인을 드시고 거나하게 취해 있던 남자분이 다가오더니 뒤에서 어깨를 두드렸습니다.

"네, 뭐 필요하신 것 있으세요?"라고 말하며 뒤를 돌아보려는 순간 그 고객은 제 뺨을 때리며 화를 냈습니다.

"서비스 제대로 안 해? 뭐가 이렇게 더뎌!"

스무 명의 고객을 한꺼번에 챙기다 보니 그분의 메인 요리가 20분 넘도록 늦어졌고 와인 서빙 타이밍도 놓쳤던 겁니다. 뺨을 맞는 순간 머리가 하얘졌습니다. 그 자리에 멍하니 서 있었죠. 눈물이 핑 돌았지만 눈물 흘릴 시간조차 허락되지 않았습니다. 직원이 저 포함 세 명뿐이라 스무 명의 식사가 마무리될 때까지 복받치는 감정을 꾹 눌러야 했죠. 오른손으로는 얼얼한 볼을 매만지고 있었습니다. 손도 볼도 미세하게 떨고 있더군요. 심장은 또 어찌나 심하게 뛰던지요. 식사가 끝나고 손님들이 돌아가신 후에야 비로소 옥상에 올라가 하염없이 눈물을 흘렸습니다.

뺨을 맞은 이후 이상한 증상이 생겼습니다. 뒤에서 누군가 어깨를 두드리거나 다가오기만 해도 깜짝 놀라는 일이 자주 일어났죠. 멍하니 서 있는 날도 많아졌습니다.

한번은 아파트 1층에 서 있는데 뒤에서 누군가의 손이 '스윽' 하고 제 앞으로 다가오더군요. "어머! 깜짝이야!" 하고 소리를 질렀더니 "버튼을 안 누르고 계시길래 누른 건데 왜 이렇게 놀라세요?"라며 같은 라인에 사시는 아저씨가 멋쩍은 듯 고개를 숙였습니다. 뺨을 맞은 이후 3~4개월 정도 뒤에서 누군가 어깨만 두드려도 놀라는 증상이 지속되었습니다. 뒤에서 발소리가 들리거나 어깨를 툭 치기만 해도 그날의 악몽이 자연스럽게 떠올랐죠. 트라우마가 생긴 겁니다. 트라우마는 과거에 경험했던 위기, 공포와 비슷한 일이 발생했을 때 당시 감정을 다시 느끼면서 겪는 심리적 불안 증상입니다. 누군가가 뒤에 있다는 인기척만 느껴도 심장이 쿵쾅거리면서 공포감이 밀려왔습니다.

어느 날 저에게 손찌검했던 그 고객이 다시 매장에 방문했더군요. 가족과 함께 와서 웃으면서 식사를 하고 있는 그의 모습을 봤습니다. 퇴근할 때마다 두려움에 떨며 집에 가는 저와는 달리 함박웃음을 지으며 파스타를 먹고 있는 그를 보니 실소가 터져 나오더군요.

'그때는 미안하다는 말 한마디 못 들었는데… 때린 사람은 저렇게 잘 먹고 잘 사는구나. 나만 힘들게 살고 있었구나.'

묘한 감정이 들었습니다. 억울함이라고 해야 할까요? 생각해보니 뺨을 맞아서 억울하기보다 그 사건으로 몇 달간을 두려움에 떨며 퇴근했던 날들이 아까워서 억울한 거더군요. 현실에서는 일어나지도 않은 일을 느낌만으로 두려워하는 제 모습이 답답하게 느껴지기도 했고요.

'느낌만으로 그렇게 될 것이다'라고 여기는 생각의 오류들은 또 얼마나 많던지요. 그런데 생각의 오류에 빠져 있던 사람은 저뿐만이 아니었습니다. 엘리베이터 앞에서 깜짝 놀라 소리를 질렀을 때 같은 동 아저씨가 독백조로 이렇게 말씀하셨거든요.

"하긴 내가 인상이 무섭긴 하지."

아저씨는 바닥으로 고개를 떨구며 씁쓸한 미소를 지었습니다. 엘리베이터를 타고 거울 속에 비친 아저씨의 얼굴을 힐끗 보니 화상을 입어

오른쪽 얼굴이 검보랏빛이었습니다. "아저씨 얼굴 너무 무서워요"라고 말한 것도 아닌데 '내 얼굴을 보고 놀라서 소리를 지르고 있구나. 소리를 지르는 걸 보니 화상 입은 나를 무섭게 생각하는구나. 화상 입은 얼굴은 인상이 무섭지'라고 생각하신 듯했습니다. 사실 그 순간 제 머릿속엔 '뒤에 남자가 서 있다. 손이 다가온다. 공격할 것이다'라는 생각뿐이었는데 말이죠. 서로가 자신의 경험에 의해 잘못된 생각의 덫에 빠져 있었습니다.

일어나지도 않은 일을 자신의 느낌만으로 판단하고 전하는 일들이 얼마나 많을까요? 생각의 오류를 사실인 양 받아들이고 세상을 바라보는 순간, 정서적 에너지가 방출됩니다. 저의 이런 경험은 4개월여간 계속되었습니다. 당신은 어떤가요? 떠오르는 생각의 오류들이 있나요?

에너지 고갈 알아차림! 생각의 오류

예시

1. **과일반화 오류**: 한두 번의 경험을 바탕으로 일반적인 결론을 내리는 오류.
   예 아줌마가 주차를 하다가 내 차에 부딪쳤어. 역시 여자들은 공간지각 능력이 떨어져.

2. **의미 확대/축소**: 사건의 의미나 중요성을 실제보다 과도하게 확대하거나 지나치게 축소하는 오류.
   예 그 사람이 인사를 안 하고 지나갔어. 나를 싫어하는 게 분명해.

3. 개인화: 자신과 무관한 사건임에도 불구하고 자신과 관련된 것으로 잘못
   해석하는 오류.

   ㉮ 프로젝트를 망친 것은 다 내 책임이야.

Q. 경험을 통해 얻게 된 생각의 오류는 어떤 것들이 있나요?

- ....
- ....
- ....

●

네가 나 때문에
힘들다고 했다며?

왜곡된 신념

레스토랑에서 일할 때 하루에 150~200여 명의 고객들을 만났습니다. 고객들의 식사가 모두 끝나고 영업이 종료되면 다양한 기물들을 정리해야 했죠. 접시들은 식기세척기에 돌리면 되지만 연회 룸에서 풀코스에 사용된 포크와 와인 잔은 수작업으로 일일이 닦아야 했습니다. 정찬 서비스에 사용되는 그릇들은 무척 무거웠죠. 대형 트레이에 음식들을 가득 채워 2층부터 4층까지 직원이 직접 날라서 고객에게 서비스를 해야 했습니다. 어깨가 자주 뭉치기도 하고 발톱이 빠지기도 했습니다. (지금은 바퀴 달린 캐리어를 사용해서 서빙을 하지만 90년대에는 직접 트레이에 음식을 담아 어깨 위로 들고 가서 고객에게 제공해야 했지요.)

그럼에도 불구하고 일은 무척 재미있었습니다. 퇴근하면서 다음 날 만날 고객들을 생각하면 가슴이 설렐 정도였으니까요. 저희 레스토 랑은 셰어링 서비스 스타일(Sharing service style, 함께 나눠 먹는 정찬 스 타일)이라 다른 레스토랑보다 음식량이 많았습니다. 고객이 음식을 너무 많이 주문하면 드시고 시키셔도 된다고 양을 조절해드리기도 하고, 직원들만 아는 맛있게 먹는 방법도 자세히 알려드렸죠. 상사가 시키지 않아도 고객 정보 일지(고객이 드신 음식과 음료, 고객의 특이 사항, 직업, 기념일 등)를 매일 기록하며 고객 관리를 할 정도로 일에 애정이 있었 습니다. 그 결과 '월 매출 최고 달성 직원'으로 선정되기도 하고 고객의 요구를 잘 헤아려준다고 친절상을 받기도 했습니다.

그러던 어느 날 M 캡틴이 직원 상담 기간이라며 시간 좀 내자고 하 더군요.

"요즘 어때? 일은 재미있어?"

"네. 너무 재미있어요."

"힘들게 하는 사람은 없고?"

환하게 웃으면서 물어보시더라고요.

"네. 없어요."

"편하게 이야기해봐. 괜찮아. 요즘 힘든 상황 없어?"

저는 머뭇거리다가 조심스럽게 말했습니다.

"○○○ 선배님에게 한 가지 아쉬운 점이 있는데요. '야!'가 아니라 제 이름을 불러주셨으면 좋겠어요. 남자 아르바이트생들은 이름을 불 러주시는데 저는 3개월째 '야!'라고 부르시니까 좀 불편하더라고요."

다음 날 아침, 출근하자마자 상담 때 거론했던 선배가 저를 보더니 화장실로 잠깐 따라오라고 하더군요. 옥상 화장실로 따라갔더니 선배는 저에게 이렇게 말했습니다.

"야! 네가 나 때문에 그렇게 힘들다고 했다며?"

온몸에 소름이 돋았습니다. 그 사건 이후로 사람이 너무 무서워졌어요.

M 캡틴은 그 뒤에도 아무 일 없었다는 듯이 해맑게 웃으며 저를 대했지만, 그 웃음은 어떤 호러 영화보다도 더 무섭게 느껴졌습니다. 직장을 다니다가 죽겠다 싶더군요.

설상가상으로 점장님의 차를 한 번 얻어 탄 뒤로 '김근하는 점장님 차를 타고 퇴근하면서 직원 욕을 그렇게 한다더라'라는 소문까지 퍼졌습니다. 카더라 통신에 의해 여직원들에게 왕따를 당했죠. 몇 개월 동안 회사 근처에만 가도 심장이 두근거리고 머리가 아팠습니다. 그렇게 신나게 일하던 김근하는 온데간데없고 회사, 여직원, 왕따라는 단어만 들어도 우울했습니다(그 당시 뉴스에서 직장인 왕따, 일본의 이지메에 관한 보도가 한창 이슈가 되고 있었죠). 눈물을 흘리며 퇴근하는 날이 많았습니다. 우울함과 슬픔을 마주하면서 직장 동료들을 외면했습니다(사건을 회피하는 방식은 스트레스 상황에서 제가 선택하는 습관적 안전 행동이었죠). 저는 점점 말이 없어졌습니다. 시간이 해결해줄 것이라 믿으며 일에만 몰두했지만 일에 집중도 안 되고 슬픔은 여전했습니다.

어느 날 아르바이트생이 새로 들어왔는데, 계단에서 저를 보고도 인사를 안 하고 지나가더군요. '새로운 아르바이트생마저 나를 무시하는구나' 하고 생각하니 심리적으로 위축되었습니다. 왕따 사건 이후 신기하게도 여러 가지 신념 보따리를 선물로 받았습니다.

'여자들이 많은 곳에서는 입조심하자.'

'사람을 믿지 말자.'

'인상이 좋다고 해서 인성도 좋은 것은 아니다.'

'솔직하게 말해보라고 할 때 절대로 솔직하게 말해서는 안 된다(회사에서 솔직하면 더욱 위험하다).'

'회사에서 너무 일을 열심히 하면 왕따가 된다.'

이것은 진실일까요? 세상을 제대로 보고 있는 것일까요?

직원들이 인사를 안 하고 가면 '바쁘구나' 혹은 '날 못 봤구나' 생각하면 되는데 마음은 그렇지 못했습니다. '거봐, 날 싫어하는 게 분명해', '누가 또 내가 별로라고 했나 보지?'라고 확신했습니다. 제가 옳다고 여기는 신념과 일치하는 정보만 받아들이고 제 신념과 일치하지 않는 정보는 무시하는 경향도 점점 심해졌습니다. 왜곡된 신념들이 쌓여가자 자존감은 점점 낮아지고 인간관계도 악화되었습니다. 사람에 대해 객관적으로 바라보는 것이 너무 힘들었습니다. 본 대로 보지 못하고 들은 대로 듣지 못했으니까요.

대화 훈련 수업 중에 왕따 이야기를 들었던 수강생 중 한 분이 이런 질문을 했습니다.

"M 캡틴은 강사님이 불편해하는 선배에게 '근하에게 이름을 불러 줬으면 좋겠어'라고 조언했을 가능성도 있지 않을까요?"

아! 이 질문을 받는 순간, 뒤통수를 맞은 느낌이었습니다. 지난 20년간 M 캡틴에 대해 왜곡된 신념을 가지고 있었을지도 모르겠다 싶더라고요. M 캡틴의 행동에 대해 한 번도 의심해보지 않았었는데 질문 하나에 '아직도 왜곡된 신념으로 그녀를 바라보고 있었을지도 모르겠구나' 반성이 되기도 했습니다(사실 여부를 재확인할 길은 없지만 말이죠).

왜 이렇게 바라보게 되었을까요? 지금까지 쌓아온 지식과 경험에 기반해서 세상을 해석했기 때문입니다. 해석 자체가 꼭 나쁜 것은 아닙니다. 빠르게 문제를 해결하는 데 도움이 되기도 하니까요. 살기 위한 안전장치 역할을 하기도 하고요. 상황이나 사람에 대해 경험을 바탕으로 해석하는 것은 자연스러운 현상입니다. 단, 개인의 신념이 세상의 모든 신념을 대변하는 양 답을 정해놓고 상대에게 강요할 때 힘들어집니다. 신념을 가지고 대화를 나눌 때 에너지가 고갈되는 것이 아니라 상대에게 자신의 신념이 진실이라고 강요할 때 에너지가 고갈됩니다.

Q. 지금까지 쌓아온 지식과 경험을 통해 얻은 당신만의 신념은 어떤 것들이
   있나요?

예시

1. 친구 사이라도 돈은 빌려줘서는 안 된다.
2. 착하다고 일도 잘하는 것은 아니다.
3. 거절을 못 하면 사람들이 자신의 이익을 위해 이용하려고 한다.

연습

• ....

• ....

• ....

고상한 대화에
숨이 막히네

고상한 대화

언젠가 남편에게서 "자기는 책 읽기 전이 더 착했던 것 같아"라는 말을 들은 적이 있습니다. 순간 기분이 상하기도 했지만 어찌나 웃음이 나던지요. 인정하고 싶지 않지만 인정할 수밖에 없는 순간이 불현듯 떠올랐기 때문입니다.

남편에게 진로에 대한 고민을 토로한 적이 있었습니다.

"자기야, 요즘 하는 일이 내게 맞는 건지 잘 모르겠어. 이래도 잘 안 되고 저래도 잘 안 돼서 너무 힘들어."

이 말을 듣던 남편은 이렇게 말했습니다.

"자기는 왜 야구 선수가 축구 선수를 하려고 해? 하나만 꾸준히 해. 하나만! 이것저것 하지 말고 하나만 꾸준히! 왜 고생을 사서 해?"

감정 코칭에 관해 공부한 저는 남편에게 이렇게 말했습니다.

"자기야, 감정 코칭의 대가인 존 가트맨(John Gottman) 박사의 연구에 따르면 말이지, 대화에는 세 가지 종류가 있대. 원수가 되는 대화, 멀어지는 대화, 다가가는 대화! 자기는 지금 내가 하는 말에 고생을 사서 한다면서 지적하고 있어. 이런 대화를 뭐라고 하는 줄 알아? 원수가 되는 대화라고 하는 거야. 이런 식으로 나에게 조언하면 내가 자기랑 대화를 계속 나누고 싶겠어?"

저는 랩을 하듯 속사포처럼 쏟아부으며 말했습니다. 이 부부의 대화가 어쩜 이리 고상할까요?

남편은 야구 선수가 축구 선수 하려는 것처럼 여러 종목을 뛰고 있는 부인에게 그런 삶은 잘못된 것이라고 지적해주었고, 부인은 감정 코칭 책을 읽고 존 가트맨 박사도 알려주고 대화의 세 가지 종류도 알려주며 남편의 말이 어떤 종류의 대화인지 분석해주니 말입니다.

"아내가 고상하면 남편이 고생합니다" 혹은 "남편이 고상하면 아내가 고생합니다"라는 말이 떠오르더군요.《세일즈, 말부터 바꿔라》를 쓴 황현진 저자의 표현입니다.

'고상하다'는 말은 '품위나 몸가짐의 수준이 높고 훌륭하다'는 뜻인데요. 무엇 때문에 상대방을 고생시킨다는 걸까요? 상대방에게 공감하기보다 자신이 알고 있는 지식만 퍼부을 때 그런 것이 아닐까요? 고산병이 높은 산을 오를 때 낮은 기압과 산소 부족으로 걸리는 병이라면 '고상병'은 상대의 높은 지적 수준에 말문이 막혀 답답해지는 병입니다. 고상병의 증상이 있는 사람들의 대화는 다양합니다. 경험에 비추어서 한번 체크해보시죠.

● **고상 지수 체크 리스트**

1. 설명을 요청하지도 않았는데 자신이 알고 있는 전문 지식을 설명한 적이 있다.　( )

2. 물어보지도 않았는데 상대의 말을 끊고 "나는 어땠는지 알아?"라며 자신의 이야기를 더 길게 말한 적이 있다(요즘 유행하는 '라떼는 말이야' 처럼 말이죠).　( )

3. "그 나이 때는 다 그런 거야"라고 일반화하며 충고해본 적이 있다.　( )

4. "MBTI(성격 유형 분석) ○○○○ 유형이지? 어쩐지 행동하는 걸 보니까 딱 보여"와 같이 어떤 현상에 대해 분석해준 적이 있다.　( )

5. "그건 잘못된 생각이야"라며 생각을 바로잡아주려고 한 적이 있다.　( )

6. 힘들어하는 상대에게 "내가 널 알잖아. 그렇게 네가 좀 그렇긴 하지" 라며 맞장구를 친 적이 있다.　( )

7. "당신만 힘든 거 아냐! 더 힘든 사람도 많아"라며 더 힘든 사람들의 사례를 들어 상대의 감정을 전환시키려고 노력한 적이 있다.　( )

8. "언제부터 그런 일이 있었던 거야?"라며 사건에 대해 조사를 시작한 적이 있다.　( )

9. "당신은 너무 나약해", "당신은 너무 인색해", "당신은 너무 끈기가 없어"와 같이 말하며 상대의 단면을 보고 나의 관점에서 일반화하거나 평가한 적이 있다.　( )

10. "그만하면 됐어. 이제 좀 그만해라" 등으로 자신이 보기에는 상대의 걱정이 지나치다 싶어 의도적으로 대화를 자른 적이 있다.　( )

고상함은 영어로 'elegant'라는 단어도 있지만 'refined'라는 단어로도 표현됩니다. 'refined'라는 말은 '정제된, 제련된'이라는 뜻으로 '물질에 불순물을 넣지 않은 순수한 상태'를 말합니다. 진정으로 고상한 사람은 상대와 대화를 나눌 때 불순물을 넣지 않는 사람입니다.

제가 남편에게 "자기야, 요즘 하는 일이 내게 맞는 건지 잘 모르겠어. CS 강사를 하다가 독서경영 강사를 시작했는데 잘 안 돼서 어떻게 해야 할지 모르겠어. 너무 마음이 힘들어"라고 말했을 때 남편에게 듣고 싶었던 말은 "요즘 많이 힘들구나. 이것저것 잘 안 되니까 속상해?"라는 말이었습니다. 남편에게 이렇게 말했더니 "내가 당신하고 살아봤잖아. 한 가지 일에만 집중해. 왜 잘하던 일을 그만두고 다른 일을 하면서 힘들어해? 틀린 말 아니잖아?" 하더군요.

컨설턴트와 대화를 나누는 줄 알았습니다. 속이 상한 채 각자 카페에서 집으로 돌아왔습니다.

다음 날 남편이 문자를 보냈습니다.

"자기야. 일이 잘 안 돼서 속상한 마음에 나한테 털어놓은 건데 그렇게 말해서 미안해."

문자를 받는 순간 얼어붙었던 마음이 눈 녹듯 녹아내렸습니다. 불순물을 넣지 않고 저의 마음을 그대로 읽어줬기 때문입니다.

대화를 할 때 판단이나 충고의 불순물을 넣는 순간 대화는 혼탁해집니다. 상대가 무엇을 말하려 하는지 파악하기 어렵고 불순물이 쌓이면 정서적 에너지의 흐름도 막습니다.

Q. 체크리스트 중에서 당신이 자주 하는 고상한 대화 패턴은 무엇인가요?

　(혹은 상대에게 들었던 고상한 대화 패턴은 무엇인가요?)

....

....

....

•

그 나이 먹도록
뭐했냐?

에너지 고갈 대화법: 당위적 명제

식당에서 밥을 먹다가 회사원 두 명이 나누는 대화를 들은 적이 있습니다.

> A: 나이 마흔이 되도록 해놓은 게 하나도 없는 거 같아.
> B: 그러게. 그 나이 먹도록 뭐 했냐? 남들 결혼하고 승진하고 집 장만할 동안 결혼도 안 하고.

동료의 말을 들은 A는 어두운 표정으로 고개를 떨구며 술잔만 기울이더군요.

대화를 천천히 곱씹어보면 "그러게. 그 나이 먹도록 뭐 했냐?"라는

레오나르도 다빈치의 〈수태고지〉

말에는 "그 나이를 먹었다면 이 정도는 했어야지"라는 명제가 숨어 있습니다. B는 나이 마흔이 넘었다면 '결혼해야 한다', '승진해야 한다', '집도 마련해야 한다'는 당위적 명제를 품고 대화를 나누고 있는 거죠. 사연을 들어봐야 상황을 더 자세히 알 수 있겠지만 어쩌면 A가 생각하는 당위적 명제도 동일할지 모른다는 생각이 들었습니다. B의 말에 수궁하는 듯 보였거든요.

각자가 정한 당위적 틀은 타인의 관점을 자신에게 귀결시켜 세상을 재편하려고 듭니다. 이를 잘 보여주는 미술 작품 하나가 있습니다. 레오나르도 다빈치의 〈수태고지〉입니다.

작품을 자세히 보면 이상한 점이 많습니다. 오른쪽에 앉아 있는 마리아의 오른팔이 왼팔에 비해 훨씬 길죠. 마리아 뒤쪽의 벽돌들을 보면 벽돌들의 각도가 수렴되는 소실점의 위치가 모두 일치하지 않습니다. 왼쪽에 무릎을 꿇고 앉아 있는 천사는 또 왜 이리 뚱뚱하게 그린 걸까요? 아무리 봐도 원근법적으로 심각한 오류가 있는 그림입니다(김정운,《에디톨로지》참고).

천하의 레오나르도 다빈치가 르네상스 시대의 가장 중요한 규칙인 원근법을 어긴 걸까요? 아닙니다. 다빈치는 그림의 위치가 성당 안쪽 측면의 높은 벽에 걸릴 것을 알고 있었습니다. 사람들이 작품을 정면으로 감상할 수 없는 상황을 알고 있었던 겁니다. 그는 측면에서 올려다보는 위치에서 그림을 감상할 수 있도록 의도적으로 소실점을 달리해서 그렸습니다.

'왜 항상 정면에서 보도록 그림의 소실점을 정해야 하느냐'는 다빈치의 문제 제기가 우리의 일상 대화 속에 담긴 당위성을 다시 한번 생각해보게 합니다. 작품을 감상하는 위치가 다른데 자꾸 정면에서만 바라보라고 강요한다면 그 작품을 제대로 감상하기 어렵습니다. 각자의 관점이 다른데 상대에게 자신의 관점에서 세상을 바라보도록 강요하는 것처럼 불편한 일이 없습니다. 관점이 폭력이 되는 순간인 거죠.

관점이 폭력이 되는 몇 가지 사례를 들어보겠습니다.

강의를 하면서 알게 된 30대 직장인 K 씨는 이직을 생각하고 있었습니다. 그녀의 계획을 알게 된 아버지가 언성을 높이며 그녀에게 말했습니다.

"서른 살이 넘었으면 결혼해야지. 결혼도 안 했는데 무슨 이직을 해. 지금 이직을 한다는 게 말이 되는 소리냐?"

전업주부인 G 씨는 중학교 3학년 아들에게 이런 말을 들었습니다.

"엄마는 할 줄 아는 게 왜 그렇게 없어? 다른 엄마들은 이것도 잘하고 저것도 잘하던데?"

직장 생활 5년 차인 J 씨는 상사에게 이런 비난을 들었습니다.

"회사 5년 차 됐으면 자기 앞가림은 알아서 해야지. 언제까지 일일이 알려줘야 해? 뇌는 있는거야? 내가 언제까지 너를 가르치면서 일해야 하니? 몇 번을 말해야 알아듣는 거야!"

이들의 대화에는 여러 가지 당위적 명제가 들어 있습니다.

'서른 살이 넘었으면 결혼해야지! 미혼이라면 이직은 꿈도 꾸지 말아야지!'

'엄마라면 요리도 잘하고 영어도 잘 알고 시사·경제도 잘 알아야지!'

'회사 5년 차가 됐으면 알려주지 않아도 알아서 해야지!'

당위적 명제로 대화를 하면 정서적 에너지가 떨어집니다. 정면에서는 천사도 마리아도 제대로 보이지 않는데 자리는 안 바꾸고 자꾸 '팔이 짧네, 몸이 뚱뚱하네' 지적하니 답답한 노릇입니다.

정서적 에너지가 고갈되는 상황은 존 가트맨의 연구를 통해 더 자세히 알게 되었습니다. 존 가트맨 박사는 관계에 독이 되는 부부들의 대화 패턴을 연구했습니다. 그가 부부관계에 대해 연구하게 된 계기는 부인 덕분입니다. 어느 날 갑자기 부인이 존 가트맨에게 이혼을 통보합니다. "도저히 당신 같은 사람과는 살 수 없어. 이혼해!"라는 말을 들은 존 가트맨은 충격에 빠집니다. 수학자이자 통계학자이고 심리학자였던 그는 자신이 왜 이혼을 당해야 하는지 납득이 되지 않았죠. 가트맨 박사는 40년간 3,600쌍의 부부를 연구하면서 자신이 왜 이혼을 당하게 되었는지 알게 되었습니다. '관계를 망치는 네 가지 지름길'은 비난, 방어, 경멸, 담쌓기의 대화 패턴, 즉 '말하기 방식'에 있었습니다. 당위성을 강조하는 대화는 그중에서 비난에 속하는 대화 패턴이었습니다.

자신의 관점을 상대방에게 지속적으로 강요한 적이 있나요? 측면에서 감상하면 걸작이 되는 〈수태고지〉를 계속 정면에서 바라보며 수준 낮은 작품이라고 평가하듯, 상대를 나의 위치에서만 판단하고 있지는 않은지 잠시 생각해보면 좋겠습니다.

에너지 고갈 알아차림! | **에너지 고갈 대화법: 당위적 명제**

Q. 당신이 들었던 혹은 타인이 말했던 당위적 명제는 어떤 것들이 있나요?
　(당연히 ~해야만 한다.)

예시

1. 회식은 무조건 참석해야 한다.
2. 밥은 무조건 윗사람이 사야 한다.
3. 맏이라면 집안 대소사를 책임져야 한다.

- ....
- ....
- ....
- ....
- ....

당신이 비난하면
나도 가만 있지 않겠어!

에너지 고갈 대화법: 방어

비난을 들으면 방어하려는 마음이 생기는 것은 인간의 본능입니다. 비난은 창과 같습니다. 창이 날아오면 방패로 막아야 자신이 살죠. 비난의 말을 들었을 때 하는 방어적 표현은 방패의 역할입니다. 자기 보호를 위한 지극히 본능적인 선택이죠(물론 성향에 따라 방어적 표현으로 그자리를 회피하거나 공격하기도 할 테지만요). 방어를 하는 이유는 '내가 아니라 당신이 문제야'라고 책임을 전가하거나 '나는 피해자일 뿐'이라는 억울한 마음을 표현하고 싶기 때문입니다. '나는 맞고 네가 틀린 거야'라는 입장으로 대화를 나누다 보니 서로가 에너지를 얻기 힘듭니다.

독이 되는 대화 패턴을 배우고 나서 알았습니다. 부모님께서 자주 싸우시는 이유를 말입니다. 비난과 방어를 반복하고 계시더군요.

한번은 아버지께서 교회에서 간증하는 시간이 있었습니다. 아버지의 발표를 보고 난 후 어머니는 "자기는 사람들 앞에서 왜 그렇게 긴장해요? 당당하게 말해요. 당당하게!"라고 말했습니다. 어머니 입장에서는 아버지가 긴장해서 굳어 있는 것으로 보였나 봐요. 아버지는 어머니의 말씀이 끝나기가 무섭게 "내가 긴장했다고? 내가 언제 긴장했다고 그래! 언제! 신중하게 말했을 뿐인데!"라고 소리쳤습니다.

아버지는 사람들 앞에서 평소보다 천천히 말씀하셨고 손은 살짝 떨고 계셨습니다. 본 것을 당신들이 느낀 대로 표현한 언어 '긴장'과 '신중'이 언쟁을 불러왔습니다.

바로 앞 글에서 소개한 세 가지 사연의 주인공에게 "상대로부터 비난의 말을 들었을 때 발언할 기회를 드린다면 뭐라고 말하고 싶으세요?"라고 질문했습니다.

● **사례 1**

아버지: 서른 살이 넘었으면 결혼해야지. 결혼도 안 했는데 무슨 이직을 해. 지금 이직을 한다는 게 말이 되는 소리냐?(비난)

딸: 왜 그게 말이 안 돼? 서른 살이 넘으면 결혼해야 한다고 누가 정했어요? 결혼 안 하고 이직하면 말이 안 된다고 누가 정했냐고요?(방어)

그녀의 솔직한 마음: "목구멍까지 올라왔던 말을 하려다 참았어요."

● 사례 2

아들: 엄마는 할 줄 아는 게 왜 그렇게 없어? 다른 엄마들은 이것도 잘하고 저것도 잘하던데?(비난)

엄마: 야 이 새끼야! 엄마가 할 줄 아는 게 왜 없어? 밥은 누가 해줬는데? 빨래는? 청소는? 네가 거저 큰 줄 알아?(방어)

그녀의 솔직한 마음: "쏘아붙이듯 말했어요. 당당하게 말을 하긴 했는데 화가 가라앉지는 않더라고요."

● 사례 3

상사: 회사 5년 차 됐으면 자기 앞가림은 알아서 해야지. 언제까지 일일이 알려줘야 해? 뇌는 있는 거야? 내가 언제까지 가르쳐야 되는 거니!(비난)

직원: 그러는 너는 일 잘하는 줄 아냐! 너도 저번에 실수했잖아! 5년 차는 물어보면 안 되냐? 기억이 안 날 수도 있지. 꼭 그렇게 뇌를 운운하면서 말해야 하나?(방어)

직원의 솔직한 마음: "반말을 하는 상사에게 저도 막말을 하고 싶었지만 현실에서는 침묵으로 일관했어요."

제 경우 상대의 비난에 방어적 표현을 할 때면 목소리가 더 커지고 더 자극적인 말로 상대에게 상처를 주고 싶어지더군요. 특히 '독부사' 가 들어간 말을 들을 때는 더욱 그랬습니다. 독을 촉진하는 부사, 독부사는 '매일, 자주, 항상, 허구한 날' 등의 표현입니다

에너지 고갈

"자기는 항상 그렇게 실수를 하더라!", "너는 허구한 날 지각이냐"라고 말하면 "항상 아니거든! 이번 주에 한 번 했거든!", "허구한 날 아니고 이번 주에 두 번 지각했는데요?"라고 정확히 알려주고 싶었습니다. 상대가 느낀 정서적 횟수(매일, 자주, 항상)가 잘못되었음을 지적하고 물리적 횟수(두 번, 세 번)를 정확하게 알려줌으로써 '당신 생각이 잘못된 거야!'라고 입증해 통쾌함을 맛보고 싶었습니다. 억울하니까요. (아예 말을 안 하는 사람도 있긴 합니다. 이 패턴은 뒤의 담쌓기 부분에서 설명하겠습니다.) 차라리 "이번 주에 두 번 늦는 것을 봤어"라고 사실 그대로를 전달하는 방식이 언쟁의 강도를 줄여줄지도 모릅니다.

비난의 말을 들었을 때 우리는 방패가 되곤 합니다. 잘못 알고 있는 상대를 교정해주기 위해서 온 에너지를 쏟습니다. 비난도 방어도 에너지 고갈을 가져다줍니다. 서로가 대화에 독을 뿌리고 있는 거죠.

에너지 고갈 알아차림!   **에너지 고갈 대화법: 방어**

Q. 상대에게 비난의 말을 들으면 당신은 뭐라고 말하고 싶으세요?

....

....

....

가족에게는 불친절하면서 친절 강사냐!

경멸의 순간

앞에서 거론한 예시를 다시 연결해서 이야기를 나눠보겠습니다. 상대에게 "왜 이렇게 매번 지각을 하니?"라고 지적했더니 "아닌데요. 저 일주일에 두 번밖에 안 늦었는데요?"라는 말을 들었다고 상상해봅시다. 당신은 정말 상대가 몇 번 늦는지 궁금해서 물어본 걸까요?

아마도 일주일에 얼마나 늦었는지 알고 싶어서 한 말이 아닐 겁니다. 상대방이 사실을 정확하게 말할수록 더 화가 나지 않나요? "왜 이렇게 매번 지각을 하니?"라는 말에 담긴 화자의 속마음은 "제 시간에 왔으면 좋겠어"라는 뜻입니다. 제시간에 와달라는 요청을 비난조로 표현했을 뿐이지 상대에게 정확한 정보를 알려달라고 묻는 게 아닙니다. 비난은 요청의 다른 표현일 뿐입니다. 비난을 하고 있는 상대에게 자기 보호를 위해 방어의 표현을 하면 상대방은 더 화가 납니다. 자기 뜻이 받아들여지지 않았으니 말이죠. 스트레스를 받게 되고 싸우거나 멈추거나 도피하는 반응을 보이게 됩니다. 상대가 비난의 말을 제대로 알아듣지 못하면 좀 더 강렬한 말(경멸)과 행동으로 상대의 생각을 교정해주고 싶어집니다. 그 방법이 때론 큰 상처를 주기도 하죠.

다시 대화를 이어나가보겠습니다.

A: 너는 매번 늦더라.(비난)

B: 저 두 번밖에 안 늦었는데요.(방어)

　(이런 대답을 들은 A는 뭐라고 경멸의 표현을 준비할까요?)

A: 내가 지금 궁금해서 묻는 거야? 정신 안 차려? 회사가 장난이야? 너 개념이 있는 거야 없는 거야!(경멸)

경멸은 네 가지 에너지 고갈 대화법 중에서 가장 강력한 독입니다. "어쭈!", "뇌는 있냐? 이 돌대가리야!", "흥! 꼴에 자존심은 있나 보지?", "너희 엄마도 너 그러고 사는 거 아냐?"와 같은 말들로 일순간에 상대를 자기보다 못한 사람으로 취급합니다. 수강생들이 이야기했던 대화 패턴으로 예를 들어보겠습니다.

예시 1 고객과 상담 직원

① 고객: 경력이 몇 년 차인데 아직도 그걸 모르세요?(비난)

② 직원: 2년 차인데요. 2년 차가 다 알아야 하는 건 아니잖아요.(방어)

③ 고객: 그게 지금 고객에게 할 소리야! 지금 네가 월급 받을 자격이나 된다고 생각해?(경멸) 너희 엄마도 너 이렇게 일하면서 월급 받는 거 아니?(경멸) 꼴에 자존심은 있어 가지고 지금 할 말 못 할 말가리지 않고 막 대드는 거야, 고객에게?(경멸)

고객이 비난을 하자 직원이 방어를 합니다. 그 순간 고객은 존칭을 생략하고 반말을 하기 시작합니다. ③번 대화에서는 직원의 어머니까지 거론하며 "꼴에 자존심은 있나 보네?"라는 말로 경멸했습니다.

예시 2 아내와 남편

① 아내: 운동 좀 해라. 남자가 몸이 그게 뭐냐!(비난)

② 남편: 그렇게 남편 건강이 걱정되면 아침밥이나 잘 챙겨주시지!(방어)

(그녀는 국과 반찬이 곁들여진 아침밥을 챙기지 않았습니다. 아침은 우유나 과일 등으로 대신하고 있었죠.)

③ 아내: 내가 놀아? 나는 일 안 해? 왜 나만 아침밥을 챙겨야 해? 언제는 일하는 여자가 좋다더니 남자가 한 입으로 두말하냐?(방어)

④ 남편: 한 입으로 두말하는 건 당신이지. 가족들에게는 그렇게 불친

절하면서 친절 강사냐?(비난)

⑤ 아내: 뭐가 어쩌고 어째? 내 직업 가지고 뭐라고 하지 마. 그만
해!(방어)

⑥ 남편: 꼴에 자존심은 있나 보네?(경멸)

아내는 '그 정도 몸무게라면 운동을 해야 한다'라는 당위성(판단)을
가지고 남편과 대화를 시작했습니다. 그러자 남편은 '아침에 밥을 안
차리는 아내는 괜찮고 운동을 안 하는 남편은 잘못된 것'이라는 관점으
로 바라보는 아내에게 '네가 잘못된 거야'라고 교정하는 마음으로 방어
하기 시작했죠. 결국 서로 비난과 방어의 대화가 몇 차례 오갔고, 남편
은 "꼴에 자존심은 있나 보네"라며 경멸조로 대화를 마무리했습니다.

경멸조로 말하는 상대방과 대화를 이어나가기는 어렵습니다. 경멸
은 상대보다 자신이 우월하다는 관점에서 인격적인 모욕을 주는 대화
패턴이니 상대의 말이 잘 들리지도 않습니다. 상대에게 자주 경멸을
당한 사람은 4년 안에 감염성 질병에 걸릴 확률이 높다고 합니다. 신체
의 면역력이 떨어지기 때문입니다. 면역력까지 떨어뜨리는 경멸의 표
현이 에너지를 떨어뜨리는 것은 불을 보듯 뻔하죠.

에너지 고갈 대화법: 경멸

Q. 당신이 표현했던/들었던 경멸의 표현에는 어떤 것들이 있나요?

....

....

....

그와 더 이상
말하고 싶지 않아요

에너지 고갈 대화법: 담쌓기

"제가 5년 차 상담사인데요. 저는 팀장님이나 고객한테 아무 말도 하고 싶지 않아요. 저희 팀장님은 안 바뀌세요. 고객도 마찬가지고요. 그래서 저는 아무 말도 안 하고 딱 할 일만 하고 퇴근합니다."

이 직원과 상사는 이미 비난과 방어를 넘어 경멸의 대화가 오고 간지 꽤 오래된 관계였습니다.

"딱 할 일만 하고 퇴근합니다"라는 말을 들었을 때 상사가 애사심을 거론하거나 충성심에 대해 이야기하면 충돌할 수도 있겠다는 생각이 들었습니다. (상사가 직원의 고충을 들으려 하지 않는다면 더욱 심해지겠죠.)

그들은 결국 딱 정해진 만큼만 일하는 관계가 되었습니다. 더불어 더 이상 대화를 나누지 않는 '담쌓기' 단계의 관계가 되었습니다.

담쌓기는 같은 공간에 있어도 상대방을 투명인간처럼 취급하거나 상대가 말을 걸어와도 눈도 마주치지 않는 단계입니다. 상대가 말하는데 다른 곳을 쳐다보거나 말하고 있는 도중에 자리를 박차고 나가거나 '또 시작이네'라는 표정으로 고개를 절레절레 흔들거나 문을 닫거나 하는 모든 행동입니다. (참고로 연구 결과에 따르면 대화할 때 여자는 비난을 하는 경우가 많고 남자는 담쌓기를 선택하는 경우가 많습니다.)

예전에 포스트잇으로 대화하는 노부부가 TV에 소개된 적이 있었습니다. 할머니는 할아버지가 자신의 요리에 대해 한 번도 칭찬한 적이 없다고 했습니다. 된장찌개 하나를 끓이더라도 '된장은 두 스푼만 넣어라', '두부는 4분의 1만 넣어라' 등 세세한 것까지 훈계를 늘어놓았다고 합니다. 결국 이 부부는 얼굴을 맞대고 대화하는 것을 포기하고 대신 포스트잇으로 수십 년째 소통하고 있었습니다.

《나와 우리 아이를 살리는 회복탄력성》의 저자 최성애 박사는 담쌓기에 대해 이렇게 말합니다.

"담쌓기는 '아! 또 시작이네. 제발 좀 그만해라!'라는 마음입니다. 이때 스트레스 호르몬이 엄청 분비됩니다. 근육에 힘도 들어가고 심장 박동도 빨라지죠. 전두엽에서는 두뇌 피질 억제가 일어납니다. 두뇌 피질이 억제된 상태에서는 상대가 아무리 조리 있게 말해도 자신을 공격하는 화살로만 느낍니다."

지금까지 에너지가 고갈되는 네 가지 대화법을 알아보았습니다. 당신은 이 네 가지 대화법 중 어떤 단계의 대화를 나누고 계신가요?

에너지 고갈 대화법: 비난, 방어, 경멸, 담쌓기

Q. 당신이 주로 하는 대화 패턴은 무엇입니까?

....

....

....

타인은
지옥이다?

나의 화는 어디서 오는가?

2019년에 방영한 〈타인은 지옥이다〉라는 드라마를 재밌게 보았습니다. 주인공 종우(임시완 분)는 홀어머니 밑에서 살다가 서울의 낯선 고시원에 터전을 마련하고 본격적으로 서울살이를 시작합니다. 그는 대학 선배가 운영하는 회사에 들어가 직장 생활을 하면서 옆자리에 앉은 실장에게 업무에 대해 배워나가고 있었습니다. 어느 날 실장에게 파워포인트 사용법에 대해 물어보자 실장은 "야! 그건 기본 아니야? 넌 뭘배워 온 거야? 아까 말해줬잖아. 그것도 몰라? 응용 버전이잖아. 이런 새끼가 회사에 낙하산 타고 들어온 게 문제라니까" 하면서 언성을 높여 질책하기 시작했습니다. (실장은 모든 사람에게 호의를 받는 종우를 못마땅해합니다. 종우가 회사에 입사할 수 있었던 것은 대표의 대학 후배이기 때문이라고 생각하고 있습니다.)

종우는 그 순간 의자를 박차고 일어나 눈에 힘을 주고 실장을 바라보다가 목을 조르며 욕설을 퍼붓기 시작합니다. 종우는 사람들의 의견에 반기를 든 적이 없었고 조용히 일만 했던 터라 흥분하며 상사의 목을 조르는 그의 모습은 제게 충격에 가까웠습니다.

'종우가 저렇게 과감하게 감정 표현을 할 수 있다니 너무 놀라운데?'라는 생각이 들었습니다. 놀라움도 잠시, 화면은 빠르게 전환되고 종우는 의자에 앉아 멍하니 선배를 바라보고 있었습니다. 좀 전에 그가 욕설을 퍼붓던 장면은 실제 상황이 아니었습니다. 종우의 상상 속 장면이었죠. 현실에서는 종우가 실장의 비난을 꾹 참고 듣고 있을 뿐입니다.

저도 직장 생활을 하면서 얄미운 선배를 보면 이런 상상을 하곤 했습니다. 하고 싶었던 말을 마음껏 퍼붓는 상상 말입니다. 비록 상상의 장면이지만 종우의 모습을 보면서 순간적으로 통쾌하기까지 했습니다. 상상만 하는 종우와 저. 현실에서는 화를 꾹 참는 것입니다. '화를 참는다'는 것은 자신의 충동이나 감정을 억누른다는 의미입니다. 자신의 뜻대로 되지 않는 상황에서 감정 표현을 하지 못하고 '내가 더러워서 참는다!'라며 인내심을 발휘해 스스로를 다독입니다. 안타깝게도 화를 참으면 결국 터집니다. 김치찌개가 막 끓고 있는데 뚜껑을 덮은 채 내버려 두면 찌개가 넘치거나 타버립니다. 마음도 그렇습니다. 덮어놓고 참으면 화가 폭발하거나 마음이 새까맣게 타버립니다. 그러니 덮어놓고 참을 것이 아니라 뚜껑을 열고 온도를 조절해봅시다.

결혼 후 전업주부로 지내다가 취직한 S 씨가 있습니다. S 씨는 7년 만에 직장 생활을 하면서 이전과는 많이 달라진 직장 문화를 느꼈다고 했습니다. 그녀는 평상시 쓴소리도 거리낌 없이 솔직하게 발언하는 사람이었습니다. 그랬던 그녀가 회사 생활을 하면서 자신의 감정을 솔직하게 이야기하지 못하고 감추는 횟수가 잦아졌습니다.

회사 선배는 그녀가 이야기를 하면 "어디서 두 눈을 부릅뜨고 쳐다보고 그래요?"라고 하거나 S 씨가 처리할 수 있는 일도 "내가 할 테니까 당신은 그 일에서 빠져요"라고 말하며 사사건건 S 씨의 행동에 태클을 걸었습니다. S 씨는 불편한 마음이 지속되자 얼굴빛이 예전과 달리 어두워지고 기운도 없어 보였습니다. 그녀는 만날 때마다 "그 선배 너무 이상해. 말이 안 통해. 내가 이상한 건가?"라는 말을 자주 했습니다.

인간관계가 불편할 때 어떻게 하면 에너지가 채워질까요? 갈등의 깊이에 따라 해결 방법도 다양하겠죠. 누군가는 갈등을 겪는 상대방에게 직접 불편한 마음을 표현하라고 조언합니다만, 성격에 따라 직접 표현하는 방법은 큰 용기가 필요합니다. 제 경우는 그랬습니다. 그래서 먼저 제 안에 에너지를 채우는 방법을 선택했습니다.

종우의 이야기로 다시 돌아가봅시다. 종우가 여자 친구에게 "내가 사는 고시원이 이상해. 사람들이 모두 좀 이상해"라고 말하자 여자 친구는 "왜 이렇게 예민하게 굴어. 자기만 힘든 거 아냐. 나도 힘들어"라고 대답합니다. 그는 고시원만 들어가면 가슴이 답답해지고 머리가 아프다고 했습니다. 종우는 대학 선배이자 회사 대표인 재호에게도 힘들다고 이야기합니다. 재호 선배는 "야, 서울살이가 만만할 줄 알았어? 다 그런 거야. 임마! 엄살 피우지 마"라며 종우가 겪고 있는 불편함을 이해하지 못하고 오히려 꾸짖습니다. 그는 회사 선배나 여자 친구, 그 누구에게도 위로받지 못했습니다. 힘들게 돈을 버는 홀어머니에게는 힘들다고 솔직하게 말하기도 힘든 상황이었죠. 고시원 사람들은 계속해서 종우 주위를 맴돌며 힘들게 했습니다. 고시원 주인과 그 일행이 주변 사람들을 살해했다는 사실을 알게 된 종우는 고시원에 있는 그들을 모두 처단하는 것으로 자신의 화를 표현합니다. 그가 이렇게 극단적인 방법을 선택한 이유는 무엇일까요? 인간관계 속에서 편안하게 숨 쉴 수 있는 숨구멍이 죄다 막혀 있었기 때문이 아닐까요?

옛 선인들이 사용했던 잔 중에 '넘침을 경계하는 잔'이라는 뜻의 '계영배'라는 잔이 있습니다. 이 잔은 7할 이상 채워지면 술이 밑으로 흘러내리도록 설계되어 있습니다. 인간의 과욕을 경계하자는 의미에서 만들어진 잔입니다.《E형 인간》의 저자 변광호는 계영배에 대해 이야기하면서 스트레스를 7할 정도 받았을 때 스트레스가 넘치지 않도록 성격을 바꾸자고 제안합니다. 하지만 단시간에 성격을 바꾸기란 쉽지 않잖아요. 제가 제안하고 싶은 방법은 숨구멍입니다. 우리 몸이 계영배라고 상상해봅시다. 스트레스가 넘치려고 할 때마다 여러 개의 숨구멍을 마련해놓는 겁니다.

한번은 강의를 진행하고 있는데 50대 중반의 남자분이 "강의 참 의미 없네. 아이 씨! 재미없어"라고 큰 소리로 말씀하시더군요. 에너지가 훅 떨어지는 느낌이었습니다. 예전에는 이런 말을 들으면 강의를 진행하는 데 영향을 크게 받았습니다. 말을 더듬거리거나 더 긴장하게 되었지요. 지금은 나름대로 숨구멍을 여러 개 마련해두었습니다. 쉬는 시간에 좋아하는 음악을 듣거나 자세를 바꿔보기도 합니다. 제가 이 회사 CEO라고 상상하면서 어깨를 활짝 펴고 당당하게 서 있는 거죠. 이때 우리 몸에서는 테스토스테론이라는 자신감 호르몬이 나옵니다. 이 방법은 저에게 꽤나 효과적이었습니다. 그 외에도 쉬는 시간에 잠시 건물 밖으로 나가 바람을 쐬거나 주변의 꽃이나 초록이 가득한 정원을 바라보기도 합니다. 저만의 숨구멍을 다양하게 마련해놓은 겁니다. 스트레스가 화로 분출되지 않도록 말이죠.

2019년 12월에 개봉한 〈백두산〉이라는 영화를 보았습니다. 백두산의 화산 활동이 활발해지자 한반도 전체가 위기에 처하게 됩니다. 이때 강봉래 교수(마동석 분)는 핵폭탄을 이용해 백두산 주변의 가까운 지하지대를 터뜨림으로서 화산 분출을 막을 수 있다는 아이디어를 냅니다. 영화 소재로는 다소 엉뚱하게 느껴지기도 했지만 스트레스를 관리하는 방법으로는 일리가 있다는 생각이 들었습니다. 숨구멍을 마련해서 폭발을 막는 거니까요.

일주일에 한 번씩 만나는 S 씨는 "공감해주는 사람들이 곁에 있어서 얼마나 다행인지 모르겠어"라고 말했습니다. 그녀에게 이 모임이 숨구멍 역할을 한 거죠. 다만 만남이 있을 때만 충전되는 듯해 아쉬웠습니다. 저는 그녀에게 스트레스를 받을 때마다 자신만의 숨구멍을 여러 개 마련해보라고 제안했습니다. 그녀는 요즘 젊은 시절 들었던 가요를 즐겨 듣는다고 했습니다. 그 음악을 들으면 기분이 좋아진다며.

숨구멍의 종류는 사람마다 다릅니다. (문제 해결에 초점을 맞추고 싶다는 분들도 있을 겁니다. 문제 해결에 대해서는 2장에서 살펴보겠습니다.) 어떤 이는 동일한 자극에 큰 숨구멍이 필요하기도 하고, 어떤 이는 작은 숨구멍이 필요하기도 합니다. 최적화된 숨구멍을 만들기 위해 우선 자신에게 이런 질문을 해봅시다.

에너지 고갈 알아차림!   **나의 화는 어디서 오는가?**

Q. 당신은 어떤 환경에 놓일 때, 어떤 사람을 만날 때, 어떤 말을 들을 때 화가 납니까?

- 환경: ....
- 사람: ....
- 말: ....

Q. 당신만의 숨구멍은 무엇인가요?

- ....
- ....

고통의 순간 누를 수 있는
버튼이 있는가?

긴급 버튼

사회생활을 하면서 알게 된 E 씨는 무언가를 배우면 자신의 일에 바로 적용하고 실천하는 친구였습니다. 배운 내용은 바로 정리해서 다양한 사진과 함께 자신의 관점을 덧입혀 정성스럽게 블로그에 포스팅을 합니다. 그뿐 아니라 건강을 위해 운동도 하고 짬을 내어 춤도 배웁니다. 열정이 가득한 E 씨의 삶이 궁금해서 작년 초에 용기를 내어 차를 마시자고 청했습니다. E 씨는 저보다 열 살이나 어리지만 배울 점이 많아 노트를 펼쳐놓고 받아 적고 싶을 만큼 지적인 대화를 나눴습니다.

그랬던 E 씨가 어느 날 소리 소문 없이 SNS에서 사라졌습니다. 계획하고 있던 책 출간이 수포로 돌아가고 프로젝트를 같이 진행했던 사람들이 아이디어를 도용하면서 관계에 깊은 상처를 받았다는 이야기를 들었습니다. E 씨는 용기를 내어 저에게 만나달라고 손을 내밀었습니다.

"사실 만나자고 용기 내는 것도 두려웠어요. 민폐가 아닐까… 바쁘신데 시간을 뺏는 것은 아닐까 해서요."

"아니에요. 잘했어요. 만나자고 해줘서 정말 고마워요. 저도 지난 2월에 E 님을 만나서 좋은 에너지를 받았던 터라 소식이 뜸해서 궁금했었거든요."

저는 이야기하는 내내 E 씨가 온전히 털어놓을 수 있도록 말을 끊지 않고 들었습니다.

"계속 집중해서 들어주시니 두서없이 다 이야기하게 되네요. 사실 사람들에 대해 실망도 하고 저 자신에게도 실망하면서 하던 운동도 그만두고 진행하던 프로젝트도 내려놓았어요. 아무것도 하고 싶지 않더라고요. 그러면서 나쁜 생각을 하기도 했어요. 자살하는 연예인들이 이해가 되더라고요. 그런데 지금 막 털어놓으니 마음은 한결 가벼워지네요."

헤어지기 전에 그녀에게 감사 인사를 전했습니다.

"용기 내기 쉽지 않았을 텐데 먼저 연락해줘서 고마워요. 힘들었던 이야기도 솔직하게 들려줘서 고맙고요. 혹시라도 도움이 필요하면 또 언제든지 연락해요. 들어줄게요"라고 말하고 그녀를 꼭 안아준 뒤 헤어졌습니다.

계획했던 일들이 뜻대로 되지 않을 때 원치 않는 세상을 강제로 경험하곤 합니다. 열정이 가득한 사람도 세상이 강제로 안겨준 경험을 몇 차례 하게 되면 '이렇게 살아서 뭐 하나?'라는 자괴감과 함께 세상과 이별하고 싶은 생각이 들기도 합니다. 와튼 스쿨의 심리학 교수 애덤 그랜트(Adam Grant)는 원치 않는 삶을 '옵션 B'의 삶이라고 칭했습니다. 옵션 B의 삶은 고통스럽습니다. 원치 않은 삶이니까요. 헬스장에서 남편을 갑자기 잃은 셰릴 샌드버그(Sheryl Sandberg)에게 애덤 그랜트는 고통의 순간에 누를 수 있는 버튼이 필요하다고 말합니다. 이런 제안을 하게 된 계기는 애덤 그랜트 교수가 학기 중에 반년 정도 가르쳤던 오언 토머스라는 학생이 자살한 일입니다. 오언은 자살하기 2개월 전 그랜트 교수의 사무실에 찾아왔었는데 그때 학생에게 중요한 시기를 자신이 놓친 것 같다며 그는 자책했습니다. 그는 그 사건 이후로 고통을 겪고 있는 학생들에 대한 지원을 늘릴 방법을 강구하기 시작했습니다. 학부 개강 수업 때 자신의 휴대전화 번호를 칠판에 적고 도움이 필요하면 전화하라고 당부하기도 했습니다. 그가 학생들과의 의사소통 방법을 강구하며 영감을 얻은 실험이 있습니다.

스트레스에 관한 고전적 실험입니다. 피험자들은 불편할 정도로 큰 소리가 불규칙한 간격으로 울리는 가운데 퍼즐 맞추기처럼 집중력을 요하는 임무를 수행했습니다. 피험자들은 땀을 흘리기 시작했고 심장 박동 수와 혈압이 증가했습니다. 그들은 집중하려고 애썼지만 실수를 하기도 하고 중간에 포기하는 사람도 있었습니다. 그러자 연구자들은 불안감을 감소시키는 방법으로 소음이 너무 불쾌해지면 중단시킬 수 있도록 버튼을 제공했습니다.

버튼을 누르면 피험자들이 침착해지면서 실수와 짜증이 줄어든다는 것은 충분히 예측 가능한 결과입니다. 그런데 소음을 중단할 수 있는 버튼을 누른 피험자는 단 한 명도 없었습니다. 심장 박동과 혈압도 증가하지 않았고요. 피험자들은 자신이 소음을 중단시킬 수 있다는 사실을 인지하는 것 자체만으로도 스트레스가 줄어든 것입니다.

스스로가 고통을 중단시킬 수 있다는 사실을 인지하는 것이 중요하다는 점을 보여주는 실험입니다. 자신의 고통을 들어주는 존재가 곁에 있다는 사실을 인식하는 것만으로도 스트레스를 어느 정도 줄일 수 있습니다. '내가 당신 곁에서 응원하고 있어요'라는 신호를 알아차리면 관계 때문에 힘들어질 때마다 에너지가 방출되는 것을 막는 데 도움이 됩니다.

만남 이후 그녀는 문자로 "그때 들어주시고 응원 댓글 보내주셔서 정말 많은 힘이 되고 있어요. 이렇게 신경 써서 안부 물어봐주셔서 감사해요. 기억되고 있는 것만으로도 힘이 나요"라고 말하더군요. 당신에게는 '내 곁에 있다는 생각만으로도 힘이 나는 사람'이 있나요?

고통의 순간: 관계 속 긴급 버튼

Q. 고통의 순간 누를 수 있는 버튼은?(어떤 사람이 떠오르나요?)

....

....

....

Q. 그 사람의 어떤 행동이나 말을 떠올릴 때 에너지가 느껴지나요?

....

....

....

다시는 가족과
여행 오지 않겠어

완변한 선택

2014년에 가족들과 7박 9일간 유럽 여행을 다녀왔습니다. 로마에 도착한 우리는 이틀째 되는 날 로마 시내를 구경했습니다. 열 살짜리 딸과 오드리 헵번 주연의 영화 〈로마의 휴일〉에 나온 젤라또를 먹으며 신나게 시내를 구경하고 있었죠. 스페인 광장 계단에서 사진을 찍을 때까지만 해도 우리는 행복했습니다. 딸이 좋아하는 강아지 인형이 흙탕물에 검게 물들기 전까지는 말이죠. 사진을 찍느라고 인형을 계단 옆에 내려놓았는데 화단에 물을 준 지 얼마 안 되었던 모양이었습니다. 본의 아니게 인형의 코가 검게 물들었습니다. 그것을 발견한 딸은 스페인 광장에서 대성통곡을 하며 울기 시작했습니다. 제가 일부러 그런 것도 아닌데 억울하기 짝이 없었죠. 딸은 입이 나온 상태에서 "왜 거기

다 났는데… 왜! 왜!"라며 화를 내기 시작했습니다. 우리 부부는 30분 간 딸을 어르고 달래다가 지쳐버렸습니다. 뒤따라오겠거니 하고 모른 척 피자 집으로 들어갔습니다. 골목을 따라 쫓아오다가 딸은 길을 잃 었고 또 한 번 로마 시내는 울음바다가 되었습니다. 어린 자식과 함께 가는 여행은 어금니를 단련하는 데 아주 좋은 훈련이 됩니다.

유럽 여행을 다녀온 뒤 후배들을 만났습니다. 후배들이 묻더군요.

"선배! 유럽 여행 어땠어요?"

"너무 좋았어! 너무 좋아서 다음번에 유럽 여행 갈 때는 나 혼자 가 려고."

농담 반 진담 반으로 말했더니 후배들은 웃으며 제가 어떤 의미로 하는 말인지 금방 이해하더군요.

말은 저렇게 했지만 가족 여행은 또 가게 될 것 같습니다. 딸과 함 께 온 것을 후회하던 날, 비행기에서 읽은 박웅현 작가의 《여덟 단 어》라는 책 속 한 문장이 저를 위로했습니다.

"완벽한 선택이란 없습니다. 옳은 선택은 없는 겁니다."

우리는 완벽한 선택을 위해 얼마나 고민하며 삽니까? 그런데 완벽 한 선택은 없다고 두 번이나 강조하니 '정말로 완벽한 선택이란 존재 하지 않는구나'라는 생각이 들면서 큰 위로가 되었습니다.

혼자 여행을 간다고 상상해보았습니다. 맛있는 음식을 먹고 멋진 풍광을 보면서 생각하겠죠. '아! 딸이 좋아하는 음식인데. 아! 우리 딸 이랑 왔으면 좋았을 텐데.' 연신 아쉬워하며 딸을 그리워하겠죠. 반대

로 딸과 같이 가면 또 언제 그랬냐는 듯이 '아! 역시 여행은 가족과 오
는 게 아니었어. 혼자 올 걸 그랬어. 가족들과 여행하는 건 정말 피곤
해' 하면서 후회했을 겁니다. 가족 여행을 갈까 말까 하는 고민에는 정
답을 내놓기가 어렵습니다. 생각해보니 정말 박웅현 작가의 말이 딱
맞겠더라고요.

"완벽한 선택이란 없습니다. 옳은 선택은 없는 겁니다. 선택을 하고
옳게 만드는 과정이 있을 뿐입니다."

여행뿐이겠습니까? 결혼을 할까 말까? 일을 그만둘까 말까? 도전
할까 말까? 고민하는 것 안에는 정답과 오답이 항상 공존합니다. 해서
후회하는 점도 있고 만족하는 점도 있을 테니 말입니다. 박웅현 작가
는 선택을 옳게 만드는 방법으로 '뒤를 돌아보지 않는 자세'를 제안합
니다. 여행을 가기로 했으면 '아! 같이 오지 말걸'이라며 후회하지 않는
겁니다. 양가감정을 가질 수는 있지만 뒤돌아보며 과거에 얽매여 있지
말자는 말입니다. 차라리 후회할 일이 발생하면 무엇이 최선인지 생각
하고 실천하는 것이 에너지 방전을 막는 방법입니다.

로마 시내 투어를 할 때 여행을 온전히 즐기지 못한 것이 후회되었
습니다. 다음 날은 조금 마음의 여유가 생겼죠. 완벽한 선택이 되길 바
라는 마음을 내려놓았습니다. 그저 최선이 되는 방법은 무엇인지 생각
했습니다. 어제로 돌아간다면 인형을 자기 분신처럼 잘 챙기는 딸에게
미안하다고 사과하거나 다음에는 꽃 화분에 물을 준 상황인지 아닌지
확인하고 인형을 놓겠다고 이야기하는 것이 그 방법이겠죠.

어떤 선택의 기로에 서 있을 때 완벽한 선택이 되기를 바라며 온 힘을 쏟고 있나요? 어떤 것을 선택해야 후회하지 않을지 고민 중인가요? 해도 후회, 안 해도 후회라면 선택하는 데 에너지를 쏟기보다 결정한 뒤의 과정을 최선으로 만들어보는 것이 어떨까요? 후회에 빠지면 에너지가 고갈되지만 옳게 만들어가는 과정에는 에너지를 충전해주는 힘이 있으니까요.

에너지 고갈 알아차림! **완벽한 선택**

Q. 최근에 어떤 일을 후회해본 적이 있나요?

....

....

....

Q. (이미 지난 일이지만) 후회했던 일을 옳게 만들려면 어떤 노력이 필요했을까요?

....

....

....

세상에 경찰이
내 차를 따라오다니!

에너지 고갈 알아차림

서천에서 오전 10시에 강의가 있던 날이었습니다. 운전을 하며 라디오에서 흘러나오는 노래를 따라 부르기도 하고 라디오 사연을 들으며 함께 웃기도 했습니다. 이렇게 강의장 가는 길을 즐기고 있었는데 조금씩 조바심이 나기 시작했습니다. 내비게이션을 켜고 출발했을 때만 해도 강의 시작 30분 전에 도착한다고 찍혔었는데, 시간이 점점 뒤로 밀려나더니 9시 57분 도착이라고 찍혔습니다. 아무래도 속도를 내야 했죠.

그 순간 어디선가 경찰차가 나타나서 사이렌을 울리며 맹렬히 따라오더군요. 경찰이 차를 갓길에 세우라는 손짓을 보내고 있었지만 저에게 보내는 신호일 거라고는 생각하지 못한 채 계속 달렸습니다. 그러자 경찰은 확성기로 제 차 번호를 부르며 세우라고 하더군요. 그제야 그 신호가 저에게 보낸 격렬한 신호였음을 알아차렸습니다. 뜻하지 않게 가까운 휴게소로 인도되어 경찰관과 면담을 하게 되었습니다.

"안녕하십니까! 면허증 좀 보여주시겠습니까? 선생님께서는 방금 속도위반과 추월차선에 대한 위반을 하셨기에 벌점 10점을 드립니다."

저도 모르게 급한 마음에 1차선(추월차선)에서 시속 150킬로미터로 달리고 있었던 겁니다. 그때까지 추월차선에서 계속 달리면 안 된다는 것도 몰랐습니다.

"경관님, 진짜 몰랐어요. 좀 봐주시면 안 돼요?"

애절하게 부탁했지만 소용없었습니다. 당연한 일이지요. 경찰관은 "그건 선생님 사정이죠. 여기 추월차선에 대한 설명서 잘 보시고요. 다음번에는 조심하십시오"라고 말하고는 유유히 사라졌습니다.

휴게소를 빠져나와 운전대를 잡고 다시 운전하기 시작했는데 손이 부들부들 떨리더군요. 심장도 몹시 뛰기 시작했고요. 더 이상 라디오 음악은 귀에 들리지도 않았습니다. 다섯 번도 넘게 갔던 장소인데 빠져나가야 할 나들목까지 놓쳤죠. 결국 강의 시간을 훌쩍 넘겨 10시 20분쯤 강의장에 도착했습니다.

저는 왜 이랬을까요? 무엇 때문에 이렇게 헤매게 되었을까요? 일상에서 공포, 짜증, 좌절감, 초조감, 분노 등 스트레스 호르몬을 분비시키는 독성의 감정들을 경험하면 에너지가 고갈됩니다. 게다가 뇌세포도 죽고 명석하게 처리할 수 있는 능력도 저하됩니다. 두뇌 기능이 저하되고 업무 처리 능력도 떨어집니다. 기억력 감퇴는 말할 것도 없고요.

경찰을 만나고 나서 공포와 불안, 초조함이 에너지를 고갈시키자 명석하게 일을 처리할 능력도 저하된 겁니다. 익숙한 길도 헤매게 되었죠.

강의를 시작하기도 전에 에너지가 훅 떨어졌습니다. 그 상태로 강의를 시작하려는데 교육 담당자가 "선생님, 숨 돌리시고 10시 30분에 시작하셔도 돼요. 먼 길 오시느라 수고하셨어요. 괜찮아요"라고 말하더군요. 그 순간 터질 것 같았던 심장이 안정을 찾기 시작하는 것을 느꼈습니다. 교육 담당자가 건네준 따뜻한 커피 한 잔은 편안함을 가져다주기에 충분했습니다. 에너지가 순식간에 올라갔습니다.

일상에서도 배려, 용기, 인내, 감사 등의 감정은 에너지 고갈을 차단하고, 심신을 재생시키는 활력 호르몬(DHEA)을 생성합니다. 다양한 경험 속에서 느껴지는 감정들은 에너지를 고갈시키기도 하고 회복시키기도 합니다. 이때 에너지 유출을 중단할 수 있는 가장 중요한 첫 단계는 불필요한 에너지 지출을 알아차리는 것입니다. 당신의 감정은 지금 충전 중입니까? 고갈 중입니까?

에너지 고갈 알아차림! 감정

아래의 감정 단어들을 찬찬히 살펴보고 최근에 경험한 사건을 통해 느낀 감정을 세 개만 동그라미로 표시해봅시다.

화남	실망스러움	분개	수치스러움
들뜸	짜증 남	열광	감동받음
행복	기쁨	기분 나쁨	불안함
마음 상함	안전함	질투	단호함
슬픔	압도당함	자랑스러움	거슬림
감명받음	사랑받음	고마움	평화로움
연민	차분함	자신감	따분함
걱정스러움	귀찮음	외로움	받아들임

당신이 고른 세 개의 감정은 에너지가 고갈되는 감정인가요? 에너지가 충전되는 감정인가요?

하루 일과를 마치면 다음의 감정 날씨 그래프에 감정 단어를 표시해봅시다. 감정 날씨는 네 칸으로 나뉘어 있습니다.

1) 왼쪽 상단 칸: 천둥 번개, 원하는 것이 이루어지지 않은 상태, 높은 에너지 감정(예: 화, 분노, 격노, 두려움 등)
2) 왼쪽 하단 칸: 먹구름, 원하는 것이 이루어지지 않은 상태, 낮은 에너지 감정(예: 우울, 슬픔 등)
3) 오른쪽 상단 칸: 해, 원하는 것이 이루어진 상태, 높은 에너지 감정(예: 기쁨, 즐거움, 환희, 극도의 행복 등)

4) 오른쪽 하단 칸: 달과 별, 원하는 것이 이루어진 상태, 낮은 에너
   지 감정(예: 연민, 평화로움, 따스함 등)

일주일 동안 자신의 감정이 어디에 위치해 있는지 적어봅니다. 체
크한 감정이 왼쪽에 있을수록 에너지가 고갈되는 상황입니다. 특히 높
은 에너지가 쓰이는 왼쪽 상단이 에너지 고갈량이 많습니다. 자신의
에너지를 떠올리며 적어보고 에너지가 고갈되고 있는지 충전되고 있

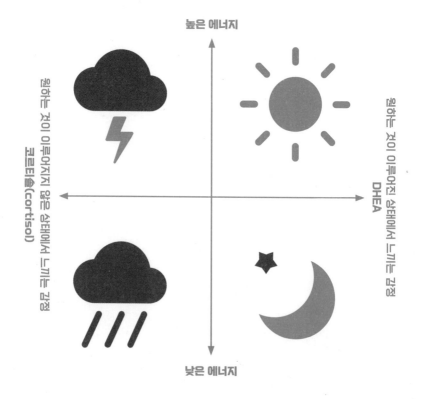

는지 살펴봅니다(감정 구분에는 옳고 그름이나 좋고 나쁨이 없음을 참고해서 적어보세요).

다음 감정 목록을 참고해서 감정 날씨 그래프에 자신의 감정을 매일 기록해보세요. (하루 일과를 마친 후)

감정 목록

● 원하는 것이 이루어질 때 감정

편안한, 평온한, 너그러워지는, 긴장이 풀리는, 진정되는, 안도감이 드는, 호기심이 드는, 고요한, 느긋한, 흐뭇한, 흡족한, 고마운, 감사한, 반가운, 든든한, 다정한, 부드러운, 행복한, 수줍은, 기쁜, 황홀한, 흥분되는, 희망에 찬, 기대에 부푼, 재미있는, 생기 도는 , 기운 나는, 매료된, 궁금한, 전율이 오는, 유쾌한, 통쾌한, 놀란, 감격스런, 벅찬, 용기 나는, 개운한, 뿌듯한, 후련한, 만족스러운, 자랑스러운, 짜릿한, 신나는, 홀가분한, 산뜻한, 즐거운

● 원하는 것이 이루어지지 않을 때 감정

격노한, 화가 난, 냉랭한, 억울한, 언짢은, 초조한, 조급한, 서운한, 슬픈, 실망한, 무기력한, 외로운, 아픈, 비참한, 허전한, 공허한, 두려운, 겁나는, 피곤한, 지친, 지루한, 풀 죽은, 안타까운, 안절부절 못하는, 귀찮은, 맥 빠진, 뒤숭숭한, 혼란스러운, 불안한, 마음이 두 갈래인, 거북스러운, 마비가 된 듯한, 경직된, 막막한, 수줍은, 걱정스러운, 근심스러운, 긴장된, 압도된, 놀란, 부끄러운, 좌절된, 짜증난, 아쉬운, 위축된, 그리운

＊출처: Marshall B. Rosenberg, Nonviolent Communication Feeling List

에너지 고갈

Chapter 2

에너지 충전

로봇 청소기가 전하는
3가지 에너지 충전법

회복탄력성의 세 가지 핵심 개념

작년 1월에 큰맘 먹고 로봇 청소기를 샀습니다. 생각보다 구석구석에 있는 먼지들을 잘 빨아들이더군요. 로봇이지만 제 할 일을 충실히 하고 있는 녀석을 볼 때마다 기특하게 느껴졌습니다. 이 녀석이 가끔 청소를 하다 말고 가는 곳이 있습니다. "충전하고 올게요! 충전하고 올게요!"라고 큰 소리로 말하면서 말이죠. 충전기가 있는 쪽을 향해 가는 겁니다.

자신이 방전되기 전에 충전기가 있는 곳으로 이동하며 전하는 메시지였습니다. 충전을 다 하고 나면 "충전이 완료되었습니다. 하던 일을 마저 하고 올게요. 청소는 항상 즐거워"라고 말합니다. 충전을 하고 난 뒤 자신이 하던 일에 대해 '항상 즐거워'라고 표현하니 제대로 충전이

된 듯해 덩달아 미소가 지어지기도 했습니다. 로봇 청소기의 메시지는 여기서 멈추지 않았습니다. 청소를 하다가 가끔 신발장 문턱에 걸릴 때가 있습니다. 이때 자신의 몸이 기울어지면 "장애물을 만났어요. 도와주세요. 도와주세요"라고 말합니다. 혹은 핸드폰 충전기 선이 로봇 청소기의 메인보드에 걸려서 옴짝달싹 못 하는 상황에 놓이면 "장애물이 메인보드에 걸렸어요. 살려주세요! 살려주세요!"라고 외치더군요. 그 순간 우리도 로봇 청소기처럼 충전하면 좋겠다는 생각이 들었습니다.

로봇 청소기의 충전 방식은 회복탄력성의 세 가지 핵심 개념과 매우 비슷합니다.

세 가지 중 첫 번째는 에너지 알아차리기입니다. (1장에서 에너지가 고갈되는 상황들을 먼저 살펴본 이유이기도 합니다.)

로봇 청소기는 방전의 느낌이 오면 자신의 컨디션을 알아차립니다. 번아웃(burnout)될 때까지 일하지 않습니다. 알아차림은 충전을 위한 중요한 신호입니다. 몸의 신호를 무시하면 그 자리에 멈추게 됩니다. 기업에서 리더의 회복탄력성에 대해 강의를 하다 보면 가정도 건강도 뒤로하고 혼신을 다해 일하는 리더들을 만날 때가 있습니다. 물론 가장이라는 역할, 회사의 리더라는 역할 때문에 열심히 일하는 것은 중요합니다. 다만 과도한 업무로 인해 병원 신세까지 지는 경우가 있어 안타까울 뿐입니다. 그들은 건강할 때 건강을 챙기지 못한 것을 후회합니다. 몸이 망가질 대로 망가진 상태에서 회복하려고 하면 그만큼 긴 시간이 필요합니다.

딸이 아파서 병원 응급실에 갔다가 심근경색증으로 입원하게 된 중년의 응급 환자를 본 적이 있습니다. 그 환자는 수술을 해야 한다는 의사의 말에 "선생님, 언제 수술 끝나요? 퇴원은 언제 할 수 있죠? 제가 회사 가서 처리해야 할 일들이 많아서요"라고 말했습니다. 제 귀를 의심했습니다. 생사의 갈림길에 놓여 있던 위급한 환자였거든요.

위급한 상태로 들어온 환자의 입에서 "회사 가서 처리해야 할 일이 많아서 그러는데 언제 퇴원할 수 있나요?"라는 말이 나오리라고는 상상하지 못했습니다. 의사는 위아래로 환자를 훑어보며 어이없다는 듯이 입을 열었습니다.

"환자분! 정신 차리세요. 지금 일이 먼저가 아니라 죽느냐 마느냐 생사의 문제라고요. 지금 일이 중요합니까? 사셔야 일도 하죠."

철부지 아이를 다그치듯 큰소리로 환자에게 위급한 상황을 전했습니다.

수술을 앞두고도 회사 일에 매진하는 중년의 남성을 보면서 마음이 짠하기도 하고 안쓰럽기도 했습니다. 로봇 청소기처럼 방전이 되기 전에 "충전하고 올게요"라고 말하지 못하는, 혹은 스스로 충전을 허락하지 않는 그를 보면서 '충전도 용기가 필요하겠구나' 하고 생각했습니다.

두 번째, 에너지 충전입니다.

청소기는 충전이 완료된 다음 "충전이 완료되었습니다. 하던 일을 마저 하고 올게요. 청소는 항상 즐거워"라고 말합니다. 그런 적 있으신 가요? 일이 지치고 힘들 때 잠시 커피 한잔을 마시고 온다거나 옥상에 올라가 쾌청한 하늘을 바라보며 바람을 쐬고 나면 기분이 한결 좋아졌던 경험, 혹은 당일 코스로라도 여행을 갔다 돌아오면 하던 일이 좀 더 즐겁게 느껴졌던 경험 말입니다.

아마도 한 번쯤은 있지 않았을까 생각합니다. 에너지 고갈 정도에 따라 에너지를 채우는 방법과 시간 투자도 다양하겠지요. 지속적으로 충전하는 습관을 들이면 에너지가 고갈되는 순간을 맞이하더라도 번아웃까지 가지는 않습니다.

세 번째, 에너지 확장입니다.

삶의 장애물을 만났을 때 도와달라거나 살려달라고 외칠 수 있는 용기가 있다면 좋겠습니다. 살면서 누군가에게 의존하지 않고 온전히 스스로 에너지를 채우며 살 수 있다면 좋겠지만, 인생이 어디 혼자만의 힘으로 다 해결되던가요? 도저히 혼자 힘으로 해결할 수 없는 난관에 봉착했을 때는 누군가에게 도움을 요청하는 것도 삶의 지혜라고 생각합니다. 저는 어려운 상황에 봉착하면 혼자 해결하려고 부단히 노력하는 스타일이었습니다. 노력해도 문제가 해결되지 않으면 스스로를 비관하거나 동굴 속으로 들어가 아무것도 하지 않곤 했습니다. 더 깊은 우울감에 빠져드는 거죠. 그러면서 자신에게 '역시 나는 되는 일이 없구나. 나는 안 되는구나. 내가 그렇지 뭐. 나는 이것밖에 안 되는 인간이야'라고 말하며 스스로를 더욱 힘들게 했습니다. 지금은 좀 달라졌죠.

힘들면 가족이나 친구에게 전화해서 "요즘 너무 힘들어. 시간 좀 내

줄 수 있어? 내 얘기 좀 들어주라. 오늘은 그냥 들어주기만 해도 힘이 날 것 같아"라고 용기 내어 표현합니다. 이렇게 타인을 통해 에너지를 회복하면 자신도 누군가의 회복을 도울 수 있는 에너지가 생깁니다. 선순환 구조로 이어지는 거죠.

수업 중에 로봇 청소기와 회복탄력성의 공통점을 설명하고 나니 한 수강생이 이렇게 질문했습니다.

"인간과 로봇 청소기의 차이점이 있을까요?"

좋은 질문입니다. 강조하고 싶은 부분을 딱 짚어 물어봐주셨어요.

로봇 청소기는 설계된 배터리 용량만큼만 에너지를 충전할 수 있습니다. 인간은 다릅니다. 충전(회복)의 횟수를 늘리고 에너지를 비축해두고 타인의 충전을 돕다 보면 회복탄력성의 기본 보유량이 늘어납니다. 용량이 커지는 거죠. 회복탄력성의 용량을 키우고 재충전하면 스트레스 자극에 좀 더 여유롭고 부드러워지며 친절하고 인내심 있게 반응할 수 있습니다.

에너지 충전 **당신은 지금 어떤 단계인가요?**

Q. 당신은 지금 방전 단계인가요? 충전 단계인가요? 아니면 누군가의 도움
   이 필요한 단계인가요?

....

....

● 안전관리공단에서 발표한 '번아웃 체크 리스트'를 통해 자신의 상태를 살펴봅시다.

		전혀 아니다	약간 그렇다	그렇다	많이 그렇다	매우 그렇다
1	쉽게 피로를 느낀다.					
2	하루가 끝나면 녹초가 된다.					
3	아파 보인다는 말을 자주 듣는다.					
4	일이 재미없다.					
5	물건을 잘 잃어버린다.					
6	짜증이 늘었다.					
7	화를 참을 수 없다.					
8	주변 사람들에게 실망감을 느낀다.					
9	혼자 지내는 시간이 많아졌다.					
10	여가 생활을 즐기지 못한다.					
11	만성피로, 두통, 소화 불량이 늘었다.					
12	자주 한계를 느낀다.					
13	대체로 모든 일에 의욕이 없다.					
14	유머감각이 사라졌다.					
15	주변 사람들과 대화를 나누는 게 힘들다.					
16	점점 냉소적으로 변하고 있다.					
17	이유 없이 슬프다.					
	배점	×1	×2	×3	×4	×5
				총합		

※ 체크한 항목에 해당 배점을 곱한 뒤 총점을 내봅니다.

번아웃이란?

성공적으로 관리되지 않는 만성적 직장 스트레스로 인한 증후군. 심리학적으로는 의욕적으로 일에 몰두하던 사람이 극도의 신체적, 정신적 피로감을 호소하며 무기력해지는 현상이다.

총합이 65점 이상이면 상담 및 치료가 필요합니다. 퇴근 후 집에 일을 가져가지 않는 등 좀 더 휴식을 취하는 것이 좋습니다.

65점 미만이라면 운동이나 취미 생활 등으로 에너지를 충전하는 방법을 찾아봅시다. 지인이나 멘토 등 대화 상대를 만나는 것도 도움이 됩니다.

에너지 충전

신체적 경고등을
아세요?

신체적 에너지 감각으로 알아차림

한번은 서초동에서 일을 마치고 도로를 달리고 있었습니다. 자동차 계기판에 모르는 표시등이 하나 떠 있었죠. 신경이 쓰여서 남편에게 전화를 했습니다(제가 자동차 경고등에 무지했거든요).

"자기야, 계기판에 이상한 게 떠 있어. 모양이 수도꼭지 모양이고 물방울이 아래로 똑 떨어지는 그림인데 이 표시 뭐야? 괜찮은 거야?" 하고 물었습니다. 남편이 "괜찮아. 엔진오일이 없나 보네. 그냥 운전해도 돼"라고 하기에 계속 운전해 일산 방향으로 달렸습니다. 자유로를 열심히 달리고 있는데 이상한 소리가 들리기 시작했습니다. 그 소리가 제 차에서 나는 소리라고는 생각하지 못했습니다. 그런데 소리가 점점 크게 들리기 시작하더군요. 아무래도 느낌이 이상해서 갓길에 차를 세웠습니다. 세상에나! 세우자마자 보닛에서 연기가 나기 시작하는 겁니다. 어찌나 눈물이 나던지요. 만약에 달리다가 차가 터지기라도 했으면 어쨌을까요? 간담이 서늘했습니다.

자동차는 차체에 이상이 생기면 계기판의 경고등으로 운전자에게 신호를 보냅니다. 우리 몸도 불편함이 느껴지면 신호를 보냅니다. 친한 지인이 입 안에 하얗고 큰 혓바늘이 돋아 몇 개월간 힘들었다는 소식을 들었습니다. 그녀는 3개월이 지난 다음에 알았습니다. 그게 바로 '설암(舌癌)'이었다는 것을. 3개월 동안 설암을 방치해서 안타깝게도 암세포가 갑상선까지 전이된 상태였습니다. 결국 혀의 4분의 1을 잘라냈고 갑상선도 제거했습니다. 자신의 컨디션을 제대로 챙기지 못했다며 안타까워했습니다. 그녀는 이번 경험을 통해 몸이 보내는 신호를 잘 알아차리고 돌봐주기로 다짐했죠. 몸은 우리에게 컨디션이 어떠한지 수시로 신호를 보냅니다. 신체적 불편함이 느껴질 때 신호를 감지하지 못하면 몸의 피로가 누적됩니다.

신체적 신호를 알아차리는 것은 컨디션을 회복하는 데 중요한 단서가 됩니다. 신체적 신호는 감각을 통해 전달됩니다. 1장에서 소개했던 고객에게 뺨을 맞은 날을 떠올려보겠습니다. 뺨을 맞는 순간 심장이 몹시 빠르게 뛰었고 얼굴이 화끈거렸습니다. 손은 차가웠고 볼이 파르르 떨렸습니다. 뒷목이 뻐근하기도 했고 목과 가슴 사이가 불덩이처럼 화끈거림을 느꼈습니다.

어떤 분은 자녀가 컴퓨터를 세 시간만 하기로 했는데 아침 8시부터 밤 12시까지 하고 있는 것을 보았을 때의 감각을 이야기해주셨는데요. 머리가 지끈거리면서 아프고 가슴이 답답하고 숨이 턱 막히는 기분도 들었다고 했습니다. 딸에게 "몇 시간을 하는 거야. 하루에 세 시간만 하고 끝내기로 했잖아!"라고 했더니 갑자기 딸이 화를 내면서 "지금 친구랑 게임하는 거 안 보여? 엄마가 방해해서 점수 놓쳤잖아!"라고 오히려 소리를 지르더랍니다. 그 순간 뒷목이 불처럼 뜨겁게 달아오르면서 어깨 근육이 경직되고 가슴 쪽이 서늘해지면서 소름이 돋았다더군요. 감각은 감정과 밀접하게 연결되어 있습니다. 불쾌함, 분노, 걱정 등의 감정은 신체적 감각들이 먼저 느끼고 우리에게 몸으로 신호를 보내줍니다.

한번은 출근을 하는데 전철에서 이어폰을 끼지 않은 채 동영상을 틀어놓고 보는 사람을 보았습니다. 감각은 어떻게 변했을까요? 동공에 힘이 들어갔습니다. 믿을 수 없다는 표정을 지으며 미간은 잔뜩 찌푸려 있었죠. 심장이 빠르게 뛰었고 '이걸 말해야 하나? 꾹 참고 한 시간을 가야 하나?' 고민하는 사이, 어깨는 경직되었습니다. 불편한 감정이 계속해서 신체적 감각으로 전해졌습니다.

'아 짜증 나!'라는 감정을 말하기 전에 감각의 변화를 알아차리는 것이 중요한 이유는 에너지를 조절할 공간을 확보할 수 있기 때문입니다. 긴장되는 상황에서 어깨가 뭉쳤다는 것을 알아차리면 '내가 지금 긴장하고 있구나'라고 감정을 읽어내기가 더 쉽습니다. 이렇게 감정을 읽어주는 것만으로도 마음에 작은 여유의 공간이 생깁니다. 이때 심호

김홍도의 〈씨름〉, 출처: 국립중앙박물관 소장품

흡을 한다면 긴장된 근육들은 좀 더 이완됩니다.

　김홍도의 작품 속에서도 긴장한 사람의 감각은 여실히 드러납니다. 위의 작품을 먼저 살펴보시죠. 김홍도의 〈씨름〉이라는 작품입니다. 이 작품에는 두 명의 씨름 선수 외에 주변에 앉아 있는 사람들 중에 도전자가 숨어 있습니다. 도전자를 찾아보시죠.

정답은 왼쪽 상단에 갓과 신발을 벗고 어깨를 웅크린 채 앉아 있는 남자입니다(오주석의 《한국의 미 특강》 참고). 어떻게 알았을까요?

스트레스를 받으면 우리의 근육들은 긴장합니다. 긴장하면 근육은 수축되죠. 다음 경기 도전자는 몹시 긴장하고 있을 가능성이 높습니다. 다른 이들을 보면 손을 땅에 놓고 어깨 근육을 이완한 채 앉아 있지만 도전자는 어깨와 손발이 모두 수축된 채 오므리고 있는 모습을 발견할 수 있습니다. 일상에서 강의나 프로젝트 발표를 앞두고 긴장할 때도 그렇죠. 이때 어깨는 수축됩니다. 일을 하다가 어깨가 긴장되면 어떻게 에너지를 회복할 수 있을까요?

작년 2월에 마라톤을 시작했는데 초보 러너인 저는 달릴 때마다 어깨에 몹시 힘이 들어갔습니다. 독서 모임에서 저자 특강으로 인연이 된 《몸이 답이다》의 저자 오세진 코치는 제게 이렇게 조언해주었습니다.

"어깨에 힘이 들어가면 오래 달리기 힘들어져요. 이때 근육 이완 자세로 달리기 자세를 취했던 팔을 아래 방향으로 툭 떨어뜨리며 어깨를 좌우로 살짝 흔들어주면 도움이 돼요."

신기하게도 달리기를 하다가 팔을 툭 떨어뜨리고 흔들어주면 어깨가 풀리면서 긴장했던 마음에도 여유가 생겼습니다. 그런데 누적되어 있는 피로감은 어깨를 흔들어주는 것만으로는 풀리지 않습니다. 이때 신체적 에너지를 채워주는 방법 중 근육을 이완하는 방법을 소개하겠습니다. 대한만성피로협회 회장 이동훈 의사는 만성피로를 호소하는 사람들을 상담하면서 가장 많이 피로를 느끼는 부위가 어깨 근육임을 알게 되었습니다. 스트레스 근육이라고 칭하는 승모근을 말합니다. 승모근은 목 아래쪽부터 등의 견갑골 있는 곳까지 넓게 분포되어 있습니다. 스트레스를 받으면 근육이 긴장되고 승모근이 단단하게 뭉칩니다. 이동훈 의사가 말하는 승모근 이완법 네 가지를 소개하겠습니다.

첫 번째, 깍지를 끼고 머리를 지그시 눌러 앞으로 숙인 채 30초간 유지합니다. 반대로 손을 모아 턱 아래에 대고 목을 뒤로 젖힌 채 30초간 유지합니다.

두 번째, 오른쪽으로 머리를 젖힌 후 오른쪽 손으로 머리를 누른 채로 30초간 유지합니다. 반대로 왼쪽으로 머리를 젖힌 후 왼쪽 손으로 머리를 누른 채로 30초간 유지합니다. 반동을 주기보다는 지그시 눌러줍니다. (이때 어느 쪽 목이 더 아픈지 느껴보고 아픈 쪽의 근육이 좀 더 경직되어 있음을 알아차립니다.)

세 번째, 팔꿈치를 90도로 구부려 양쪽 팔꿈치가 맞닿도록 팔을 몸 안쪽으로 모아줍니다. 5초간 유지한 후 양 옆으로 당겨 풀어줍니다.

네 번째, 양쪽 어깨를 귓불까지 끌어 올렸다가 숨을 참고 5초간 유지합니다. 5초 후에는 어깨에 힘을 빼고 털썩 털어줍니다.

승모근 이완법을 하고 난 후 어깨 근육들이 이완되었다면 그 느낌을 기억해둡니다. 뭉친 느낌이 들 때마다 수시로 해주면 좋습니다. 만약 어깨 근육이 딱딱하게 뭉쳐 있어서 위의 동작을 하기 어려울 정도라면 신체적 경고등을 무시한 채 달려왔을 가능성도 있습니다.

스트레스 상황에서 신체적 감각의 변화를 알아차리는 훈련은 자동차로 비유하자면 노란색 표시등을 읽을 줄 아는 능력입니다. 적색 경고등이 뜨기 전에 뜨는 노란색 표시등은 '빠른 시일 내에 정비를 받으시면 좋겠습니다'라는 예방의 표시등이죠. 불편한 감정이 들 때 신체적 감각이 신호를 보내는 이유도 마찬가지입니다. '에너지가 고갈될 수 있으니 에너지를 충전해주세요'라는 신호입니다. 이제부터는 신체적 감각의 신호를 유심히 관찰하고 느껴보시길 권합니다.

에너지 충전 **신체적 에너지 감각으로 알아차리기**

Q. 스트레스를 받았을 때 자신의 감각이 어떻게 변하는지 적어봅시다.
　(심장, 눈, 코, 입, 가슴, 다리, 팔, 등, 어깨 등)

· 상황:

· 감각:

Q. 승모근을 이완시켜주었을 때 감각은 어떻게 변하는지 느껴봅니다.
　(심장이 편안하게 뛰는지, 가슴이 좀 편안한지, 어깨 근육이 부드럽게 느껴지는지 등)

● 다음 스트레스 지수 항목 가운데 지난주 동안 단 한 번이라도 체험하신 사항에 동그라미표를 해봅시다. 이 중에서 감각적인 것들에 대해 얼마나 알아차렸는지도 체크해봅시다(녹색 표시).

1	두통	33	의욕이나 흥미 감퇴
2	불안감	34	쉽게 감정이 상함
3	어지러움	35	불쾌하거나 걱정되는 생각이 자꾸 반복해서 떠오름
4	건망증	36	남을 비난하고 싶은 욕구
5	성욕 감퇴	37	남에게 조종당하고 있다는 느낌
6	공포감	38	남이 나를 헐뜯는 것 같은 느낌
7	구토증	39	영화관이나 시장같이 사람이 많은 곳에 가거나 밖에 나가기가 두려움
8	열등감	40	이성을 대하기가 거북하고 두려움
9	근육 통증	41	빠져나올 수 없는 덫에 걸린 느낌
10	불면증	42	별다른 이유 없이 갑자기 공포감이 엄습함
11	잦은 실수	43	혼자 외출하기가 두려움
12	쉽게 짜증이 남	44	모두가 내 잘못인 것 같은 자책감
13	기운이 없음	45	허리에 통증을 느낌
14	죽고 싶은 생각	46	만사가 꽉 막힌 것 같은 느낌
15	환청	47	남들이 내 생각을 다 알고 있는 것 같음
16	손 떨림	48	남들이 나를 싫어하는 것 같음
17	남을 믿을 수 없음	49	남들이 나를 주시하거나 흉보는 것 같음
18	식욕 감퇴	50	이미 끝낸 일을 자꾸 확인함(수도를 잠갔는지, 전등을 껐는지 등)
19	가슴에 통증이 느껴짐	51	결단을 못 내리고 번민 중
20	자주 욺	52	기차, 버스, 배, 지하철 타기가 두려움
21	감정 조절이 안 됨	53	가슴이 답답하고 호흡이 곤란함
22	긴장감	54	몸이 갑자기 차가워지거나 갑자기 뜨거워짐
23	팔다리가 무거움	55	몸의 일부가 무감각해짐
24	폭음 또는 폭식	56	목 안에 무슨 덩어리가 있는 것 같은 느낌

에너지 충전

25	집중이 안 됨	57	남들이 나를 이해하지 못하는 것 같음
26	일을 천천히 함	58	앞날에 대한 절망감
27	일하기가 싫어 미룸	59	몸이 쇠약해진 것 같음
28	머릿속이 멍해짐	60	사람들이 나를 쳐다볼 때 불쾌하거나 불편함
29	가슴이 두근거림	61	누군가를 욕하거나 때리거나 다치게 하고 싶은 충동을 느낌
30	고독감	62	새벽에 너무 일찍 잠이 깸
31	우울증	63	돈을 세거나 설거지를 하거나 씻거나 등 같은 동작을 반복함
32	걱정, 근심	64	깊은 잠을 못 자고 잠을 설침

검사지의 64개 항목 가운데 지난주 동안 한 번이라도 경험한 것이 많을수록 스트레스가 높다는 뜻입니다.

- 10개 이하면 스트레스가 있어도 어느 정도 스스로 관리할 수 있음.
- 15개 이상이면 점점 더 스트레스에 부정적인 영향을 받고 있다는 표시임.
- 25개 이상이면 고위험군으로 분류됨. 우울증이나 불안증 같은 다른 동반 증상이 나타남.
- 35개 이상이면 우울증과 불안증이 높아지면서 자살의 위험도 높아짐.

  *출처: 최성애 박사의 《나와 우리 아이를 살리는 회복탄력성》

·

짜증 나도 떡볶이랑
고구마는 먹고 싶어

긍정 정서

작년에 친정 엄마가 허리 디스크로 병원에 일주일간 입원한 적이 있었습니다. 간병인을 바로 구하지 못해서 누가 엄마를 돌볼지 결정해야 했죠.

동생은 학원 강사라서 시간을 조율할 수 없다고 했고, 언니는 허리 디스크로 병가를 낸 상황이라 간병은 힘들 것 같다고 했습니다. 남동생은 아예 말이 없었죠. 각자의 이유가 이해되면서도 솔직히 '자기들 상황만 이야기하면 어떡하자는 거야!'라는 생각에 마음이 불편했습니다. 결국 제가 상담 일정을 연기하고 3일 동안 엄마를 간병했습니다. 형제들은 "간병하느라 수고했어"라는 말 한마디 없었죠.

3일째 되던 날, 언니에게 전화가 왔습니다. 발신자를 확인하는 순간 '왜! 또! 뭘 부탁하려고!'라는 생각이 먼저 들더군요. 언니는 "엄마가 떡볶이 드시고 싶대. 사 가던지 해야 할 것 같아"라고 짧은 통보를 하고 전화를 끊었습니다. 전화를 끊고 멍하니 서 있었습니다. 어이가 없더군요. '뭐가 이리 당당해?' 하고 괘씸한 마음이 들었습니다. 그래도 어쩌겠어요. 엄마가 먹고 싶으시다는데. 아침 일찍 문 여는 곳이 없으니 아침에 직접 떡볶이를 만들어 가야겠구나 생각했습니다.

다음 날 아침, 일어나자마자 떡볶이를 만들기 시작했습니다. 매콤 달콤한 향이 집 안 가득 채워졌죠. 엄마가 좋아하는 호박고구마도 오븐에 넣었습니다. 음식을 챙겨 버스 정류장에 서 있었습니다. 그날따라 햇살은 따스했고 선선한 바람은 젖은 채로 나온 머리카락을 기분 좋게 말려주었습니다. 평상시 정장에 하이힐만 신다가 편안한 면 소재의 후드티에 쿠션감이 있는 운동화를 신고 있었죠.

솔직히 말하자면 형제들에 대해 괘씸함, 억울함, 짜증이 가득했습니다. 저는 어떤 일이 생기면 짜증을 내거나 화를 내면서 '아! 짜증 나! 지금 저게 말이 되는 행동이야?' 하고 속으로만 욕하는 스타일이거든요. 병원에 가기 전날도 그랬죠. 언니에게 직접 말은 못 하고 속으로만 구시렁거리고 있었습니다. 하지만 가만히 생각해보면 그날 하루 괘씸하고 억울한 감정만 느꼈던 것은 아니었어요.

떡볶이를 만들면서 맛있게 드실 엄마를 생각하니 기뻤고, 좋아하는 음식을 엄마와 같이 먹을 생각을 하니 흐뭇했습니다. 하이힐만 신다가 편안한 운동화를 신고 나오니 몸은 가벼웠고, 분주한 일상을 잠시 멈추고 병원에 가는 아침은 여유로움마저 느껴졌습니다. 따사롭게 내리쬐는 가을 햇살과 선선한 바람이 계절을 느끼기에 충분했거든요. 흡족한 마음까지 들었어요. 신기한 경험이었습니다.

예전에 인문학 수업에서 배웠던 내용이 어렴풋이 떠올랐어요. '행복이라는 추상적인 개념을 열 개의 감정으로 세분화해서 조금 더 자주, 조금 더 구체적으로 행복을 느껴보자'는 내용이었습니다. 긍정심리학의 창시자 마틴 셀리그만과 함께 긍정심리를 연구한 바버라 프레드릭슨(Barbara Fredrickson)의《내 안의 긍정을 춤추게 하라(Positivity)》라는 책에 소개된 내용이기도 했지요.

병원에 다녀온 날, 프레드릭슨이 소개한 긍정 정서 중 두 가지를 크게 느꼈습니다. 기쁨과 감사함인데요. 그녀가 정의한 기쁨을 소개해보겠습니다.

기쁨은 주변 환경이 안전하고 친숙하며, 만사가 순조롭게 이루어지고, 자신의 노력은 크게 필요하지 않을 때 유발될 수 있다. 기쁨은 밝고 가벼운 느낌이다. 기쁠 때는 세상이 생기에 차 보이고 계단을 오르는 발걸음이 가벼워진다. 또 무엇을 받아들이고 싶은 기분이 들고 신이 난다.

언니가 전화해서 "엄마가 떡볶이 드시고 싶대. 사 가든지 해야 할 것 같아"라고 한 말은 일방적인 통보로 들렸어요. 마음이 불편해지자 모든 것이 귀찮아졌습니다. 언니의 통보에 화가 났지만 딸 된 도리와

의무로 냉장고 문을 열었죠. 신랑이 미리 사다 놓은 어묵과 시어머님이 주신 가래떡을 발견했습니다. 떡볶이 재료를 사러 가는 게 귀찮았는데 수고로움이 반으로 줄자 기뻤습니다. 게다가 이웃이 챙겨 준 유명한 떡볶이 소스를 발견하는 순간 정말 쾌재를 불렀죠. 불만 켜서 재료를 섞기만 하면 되니까요. 국물 맛을 봤는데 엄마가 딱 좋아할 맛이더라고요. 입가에 미소가 지어졌어요. 음식을 싸 들고 집을 나서는데 좀 전의 불쾌하고 억울했던 마음이 완전히 사라진 것은 아니었지만 실실 웃고 있는 저를 발견했습니다.

감사함이 느껴진 순간은 병원에 도착했을 때였어요. 엄마가 머리를 못 감은 지 3일째 되던 날이었지요. 머리가 따갑고 찝찝해서 몹시 힘드셨나 봅니다. 병원에 도착했을 때 옆 환자분의 간병인이 엄마의 머리를 감겨주고 계셨어요. 허리 디스크 환자는 허리의 움직임을 조심해야 하기 때문에 간병인 비용도 다른 일반 환자에 비해 더 든다고 합니다. 머리 감기기는 간병인 없는 보호자가 하기에는 매우 조심스러운 일이었죠. 이때 간병인을 구하지 못한 엄마의 사정을 아시고 옆 환자분이 그분의 간병인에게 부탁해주셨습니다.

"옆에 누운 아주머니 머리 좀 감겨줄 수 있겠어요?"

"그럼요. 얼마나 찝찝하시겠어요. 편안하게 누워 계세요. 아주 시원하게 감겨드릴 테니까."

간병인은 흔쾌히 수락하시고 도와주셨습니다. 수고로움을 마다하지 않고 엄마의 머리를 감겨주시는 모습을 보니 기쁨과 함께 존경의 마음까지 느껴졌어요.

그날 밤 프레드릭슨이 정의한 '감사'를 다시 찾아 읽어보았습니다.

누군가 수고로움을 마다하지 않고 당신을 도왔다는 사실을 알게 되었을 때 일렁이는 감정이다. 감사는 기쁨과 진심 어린 존중이 어우러진 참으로 기분 좋은 느낌이다.

저는 매일 밤 일기를 쓰는데요. 이날은 기쁨과 감사에 대해 좀 더 자세히 상황을 묘사하며 기록하게 되더라고요. 두 감정에 집중하며 일기를 썼더니 형제들에 대한 억울함이나 불편한 감정이 언제 있었는지도 모르게 사그라들었습니다.

일상에서 자동적으로 감사를 느끼는 사람들이 있습니다. 반면 저처럼 부정적 정서를 더 자주 느끼는 사람도 있습니다. 괜찮습니다. 의도적으로 긍정 정서를 찾는 노력을 하다 보면 삶을 더욱 행복하게 느끼게 됩니다.

가족들 모두 출근, 등교시켜놓고 라디오를 들으며 마시는 모닝커피 한잔의 평온함, '팔아도 되겠다'며 가족들이 맛있게 먹어주는 김치찌개에 대한 자부심, 중요한 시험에 떨어졌어도 다시 도전할 기회가 생겼다며 최상의 상황을 떠올리는 희망, 서예나 그림, 요리 수업에서 느끼는 흥미도 좋습니다. 다양한 긍정 정서를 자각하다 보면 일상에서 입가에 미소가 지어지는 순간은 얼마든지 경험하게 됩니다.

Q. 오늘 하루 당신은 어떤 긍정 정서를 느꼈나요? 긍정 정서를 놓쳤던 순간은 없었는지 하루 일과를 되돌아봅시다. 소소하지만 입가에 미소가 지어지거나 기분이 살짝 좋았던 순간을 떠올려보세요(감사, 기쁨, 평온, 희망, 자부심, 재미, 영감, 경이, 사랑 등의 정서를 느꼈던 상황을 떠올려보아도 좋습니다).

....

....

....

강도 8.0 지진 속에서도
친구를 구한 아이의 평정심

심장 호흡

2008년 5월 12일 중국 쓰촨성에서 규모 8.0의 큰 지진이 발생했습니다. 이 지진으로 중국인 7만여 명이 사망했죠. 규모 8.0이라고 하면 영화 〈어벤져스〉에서 악당과 영웅이 격투를 벌일 때 건물이 두 동강 나고 바닥이 쩍 갈라지거나 자동차가 종이처럼 찢어지는 장면을 상상하면 됩니다.

생지옥이 따로 없는 상황에서 잉슈 마을의 린 하오라는 꼬마 아이가 살아남았습니다. 이 소년은 교실 건물이 무너지고 있는 찰나에 창문 밖으로 빠져나오는 데 성공했습니다. 당신이라면 간신히 탈출한 뒤에 어떤 행동을 하시겠어요? 저라면 더 안전한 곳으로 몸을 피해 제 자신을 보호했을 겁니다. 그런데 린 하오는 다시 학교 건물 복도로 들어가 두 친구의 생명을 구했습니다. 두 친구를 구출하다가 머리를 다치기도 했죠. 기자들은 소년에게 물었습니다.

기자: 어떻게 그런 일을 했나요?

린 하오: 저는 그날 복도를 지키는 복도 지킴이었어요. 복도에 쓰러진 친구를 구하는 것도 제 할 일이죠.

위급한 상황에서도 당황하지 않고 침착하게 자신이 해야 할 일을 할 수 있는 힘은 어디서 나오는 걸까요? 하트매스 연구소의 롤린 맥크레이티(Rollin McCraty) 박사의 연구에 따르면 우리 몸에서 가장 큰 전기장과 자기장을 분출하는 기관은 심장입니다. 뛰는 심장을 컨트롤할 수 있다면 감정적으로 불편하거나 긴장되는 순간에 순식간에 감정을 차분하게 가라앉힐 수 있습니다. '심장 호흡을 한다'는 것은 자동차 가속 페달 역할을 하는 교감신경에 '진정해'라는 신호를 보내는 작업입니다. 자동차의 브레이크 페달과 같은 역할이 부교감신경의 역할이죠. 두 개의 신경이 균형을 이룰 때 우리는 빠르게 안정감을 찾습니다.

지진 속에서도 평정심을 찾을 수 있는 첫 단계는 심호흡 훈련입니다. 방법은 간단합니다. 5초 정도 천천히 숨을 들이마시고 5초 정도 천천히 숨을 내쉽니다. 들숨과 날숨을 5초 간격으로 쉬어보면 훨씬 편안해지는 느낌을 받습니다.

3년 전 허리 디스크로 큰 병원에서 시술을 받은 적이 있습니다. 이미 허리 디스크로 시술을 받아본 적이 있는 지인들은 저에게 "야! 그 거 시술할 때 허리에 대바늘 꽂는다"라는 무시무시한 말을 해주었습니다. 드디어 시술을 받는 날이 왔습니다. 손에서는 식은땀이 나고 심장은 몹시 뛰고 있었습니다. 수술실 앞 대기석에 앉아 남편에게 "자기야, 손 좀 잡아줘. 너무 무서워"라고 말하며 손을 꼭 잡고 있었습니다. 수족냉증이 있는 저에게 남편의 손은 무척 따뜻하게 느껴졌습니다. 남편은 "자기야, 내가 여기서 기도하고 있을 테니까 걱정 마. 잘될 거야"라고 말해주었습니다.

드디어 수술실 문이 열렸습니다. 엎드려 누워 있는 상태라 청각으로만 시술 상황을 느껴야 하는 것이 더 공포스러웠습니다. 마취과 의사는 차가운 솜으로 제 등에서 꼬리뼈 부위까지 소독을 했습니다. 주삿바늘 뚜껑이 열리는 소리, 철판에 바늘 뚜껑이 떨어지는 소리 등 모든 소리가 제 귀에 정확하게 전달되는 순간, 공포감은 최대치에 이르렀습니다.

'드디어 올 것이 왔구나. 대바늘을 꽂는다고 했는데 어쩌지? 아… 어떡해….'

두려움이 물밀듯이 밀려왔습니다. 이때 심장에 집중하며 '심장 호흡'을 하기 시작했습니다. 천천히 깊게 들이마시고 내쉬고, 들이마시고 내쉬고, 들이마시고 내쉬고. 세 차례 심장 호흡을 했습니다. 숨을 쉬며 남편의 따뜻한 위로의 말을 떠올리기도 했습니다. "기도할게. 잘될 거야. 걱정하지 마. 내가 지켜줄게." 남편의 목소리가 메아리처럼 다가왔습니다.

그 순간, 의사의 음성이 들렸습니다.

"끝났습니다."

"네? 끝났어요? 벌써요?"

생각보다 시술 시간이 빠르게 느껴졌고, 무엇보다 고통스럽지 않았습니다. 지역 병원에서 척추에 주사를 맞은 적이 몇 번 있었기에 주사액이 들어가는 순간의 뻐근한 느낌을 알고 있었거든요.

심호흡은 흥분되는 감정을 진정시키는 데 매우 유용했습니다. 갑자기 수행해야 할 업무들이 많아졌을 때도 효과를 발휘합니다.

예능 프로그램 중에서 〈윤식당〉이라는 프로그램을 즐겨 보았습니다. 해외에서 외국인들에게 한식을 선보이며 레스토랑을 운영하는 콘셉트였는데요. 서빙은 정유미 씨와 박서준 씨가 하고 요리는 윤여정 씨가 맡았습니다.

정유미: 선생님! 불고기 덮밥 하나요

　　　(윤여정 씨는 여유롭게 음식을 준비하기 시작했습니다.)

정유미: (잠시 후) 선생님 세 개 더요. 불고기 총 네 개요. 선생님, 잠시만요.

　　　한 분이 불고기 덮밥 하나 더 추가했어요. 총 다섯 개요.

　　　(그 순간 윤여정 씨의 얼굴이 붉게 달아오르기 시작했습니다.)

윤여정: 어머! 오늘 왜들 이런다니… 스읍, 후… 스읍, 후… (들이마시고 내

　　　쉬고 심장 호흡을 3회 정도 하더니) 총 다섯 개라는 거지? 오케이, 할

수 있다. 할 수 있어. 정신만 똑바로 차리면 돼. 윤여정!

(이렇게 자신에게 주문을 외우듯이 자기 암시를 하더니 음식을 만들기 시작했습니다.)

일상에서 긴장되는 일이 있거나 당황스러운 일이 발생하면 우리의 심장은 마구 뛰기 시작합니다. 강의장에서 빔 프로젝터가 작동되지 않거나 컴퓨터가 갑자기 다운될 때가 있습니다. 예전에는 얼굴색이 변하면서 심박 수가 빠르게 올라가고 교육 담당자가 세팅을 재확인하는 동안 수강생들에게 말을 하면서도 심하게 떨었습니다. 지금은 문제가 발생하면 의도적으로 심장 호흡을 합니다. 문제를 지혜롭게 해결하기 위한 첫 의식입니다. 심장 호흡을 하면 심장 박동이 규칙적이고 질서 있는 패턴으로 바뀝니다. 1분 30초에서 3분여 정도 심장 호흡을 하면서 흥분되었던 감정이 차분해지는 것을 느낍니다. 이 상태가 좀 더 명료하게 문제를 인식할 수 있는 상태로 이끌어주는 단계입니다. 심장 호흡은 스트레스 호르몬이 나오는 것을 중단시키고 감정적 중립 상태(편안한 상태)로 빠르게 전환되도록 도와줍니다.

| 심호흡 방법 |

1. 심장에 주의를 집중합니다.
2. 심장으로 숨을 들이쉬고 내쉬는 상상을 하며 평소보다 조금 느리고 조금 깊게 호흡합니다.
3. 5초간 들이마시고 5초간 내쉬면 좋습니다.

- 심장 호흡법의 핵심은 심장에 집중하여 호흡하는 것입니다.
- 일어나자마자, 업무를 시작하기 전에, 잠자리에 들기 전에 지속적으로 해 주면 에너지 호르몬(활력 호르몬 DHEA)을 비축하는 데 도움이 됩니다.

상처 난 마음에 바르는
3가지 마음 연고

재생 연고

작년 4월에 눈썹 문신을 했습니다. 마취 로션을 바르고 시술을 했는데도 예리한 면도칼로 슥슥거리는 소리가 온몸으로 전해졌습니다. 소리를 지르기에는 애매한 쓰라림이 한 시간 동안 계속되었죠.

시술이 끝나고 세 가지 당부를 들었습니다.

"오늘은 눈썹을 건드리지 마시고 물도 닿지 않게 해주세요. 3일간은 폼클렌징으로 씻지도 마세요. 재생 크림은 오늘부터 일주일간 아침, 저녁으로 꼭 챙겨 발라주시고요."

마음에 상처를 받았을 때나 정서적 에너지를 충전할 때 이 방법을 사용해도 좋겠다는 생각이 들었습니다.

그런 경험 있으세요? 밖에서 몹시 화가 났는데 가족 누군가가 잘못

건드렸을 때 그렇게까지 화낼 일은 아니었는데 버럭 화를 냈던 경험. 저는 있습니다. 일이 잘 풀리지 않아 몹시 언짢았던 날, 집에 왔는데 딸이 숙제도, 방 정리도 안 하고 핸드폰만 보고 있었죠. 그날은 평소보다 더 큰 목소리로 혼을 냈습니다. 전날 부부싸움을 하고 아침에 출근해서 괜히 직장 동료나 부하 직원에게 짜증을 낸 적도 있었죠. 상처는 우리를 예민하게 만듭니다.

이때 어떻게 마음을 충전하면 새살이 돋아나듯 새 마음이 생길까요? 세 가지로 생각해보죠.

첫 번째, 화를 바로 건드리지 맙시다. 방치하라는 말이 아닙니다. 상처를 받은 날은 옳고 그름을 분석하지 말자는 의미입니다. 문신을 한 날, 저는 눈썹이 아려서 건드리기도 쉽지 않았습니다. 생살에 상처를 낸 것이니 열이 나고 욱신거리는 느낌이 온몸으로 퍼졌죠. 마음의 상처도 그렇습니다. 상처를 받으면 몸에 열이 납니다. 손톱 옆의 거스러미 하나만 뜯어도 손가락에도 심장이 있는 듯 웅웅대면서 열감이 오르잖아요. 마음에 상처를 받았을 때도 그렇더라고요. 심장이 마구 뛰면서 열이 오르고 마음이 쓰라리기도 합니다. '그때 그 상황에서 이렇게 했어야 했는데' 하고 후회하며 자신의 행동을 비난하고 옳고 그름을 판단하면 더욱 열이 나더군요. 현명하게 행동하지 못한 자신을 생각하면 속상하기도 하고요. 이때는 있는 그대로 자신의 상황을 인정해주고 너그러이 바라봐주면 좋겠습니다.

만약 회사에서 "네가 하는 일이 다 그렇지 뭐. 뇌는 있냐?" 같은 상사의 질책을 들었다면 "그게 상사로서 할 말입니까!"라고 상대의 말에 반기를 들며 비난하고 싶을 겁니다(1장 에너지 고갈 대화법에서 독들이 했던 말처럼 말이죠). 공격을 받으면 방어하고 싶은 마음은 인간의 본능이니까요. 내가 뭘 그리 잘못했다고 그리 말하는가 싶어 곱씹을수록 열이 날지도 모릅니다. 괜찮습니다. 그 마음, 그 느낌, 그 생각 다 괜찮습니다. 그 모든 것이 그럴 만했기 때문에 화가 난 거니까요.

'화가 났구나. 뇌는 있냐는 말에 더 속상하고 불쾌했구나' 하고 있는 그대로 자신을 바라봐줍시다. 많은 사람들이 있는 자리에서 자신을 세워두고 혼을 냈을 때 수치스러웠다면 '사람들 다 보는 곳에서 혼이 나서 부끄러웠구나. 수치심을 느꼈구나'라고 그대로 인정해주는 겁니다. 묵묵히 그 감정에 머무르며 상처받은 당신을 토닥여주는 것이 화가 났을 때 할 수 있는 첫 단계입니다.

두 번째, 상처를 지우려고 애쓰지 맙시다. 상처는 지우려 애쓴다고 없어지지 않습니다. 어설프게 지우려고 하다가 그 갈등이 반복적으로 일어나면 스스로에게 실망하거나 낙심하는 마음만 커집니다. '저번에도 이랬었는데 결국 또 이러는구나. 이 구제 불능아!' 하면서 말입니다.

시간이 해결해줄 거라 믿고 기다려보기도 하지만 제대로 아물게 해주려면 조치가 필요합니다. 그 조치는 통증이 잠잠해졌을 때 해주면 좋습니다. 이것이 세 번째 단계입니다. 뷰티숍에서 문신으로 살에 상처를 냈을 때 바르면 효과가 좋다는 재생 크림을 챙겨 주었습니다. 아침, 저녁으로 정성 들여 재생 크림을 발라주라고 하더군요. 우리도 상처받

왔을 때는 마음에 재생 크림을 아침, 점심, 저녁으로 꾸준히 발라주면 어떨까요? 저는 아침에 바르는 재생 크림으로 신께 기도를 합니다. '오늘도 잘될 거야! 근하야, 오늘도 잘 부탁해. 주님 오늘도 좋은 하루 주셔서 감사합니다. 누군가를 가르치기보다 누군가의 마음을 위로할 수 있는 회복탄력성 강의가 되게 하여 주시옵소서' 하고 말입니다. 신앙이 없다면 긍정 문구의 재생 크림을 발라주어도 좋습니다. '오늘도 잘될 거야'라고 말입니다.

이렇게 긍정문을 읊조려도 뜻대로 되지 않는 오후와 마주칠 때가 있습니다. 강의를 하다가 욕을 먹기도 하고 다른 교육 기관 대표에게 질책을 듣기도 합니다. 이럴 때 힘들어하는 자신에게 '괜찮니? 어떻게 하면 마음이 편안해지겠니? 어떻게 도와줄까?'라고 물어봐주세요. 친구와의 수다가 절실히 필요한지, 달달한 캐러멜 마키아토 한 잔이면 충분한지, 퇴근길에 친구와 술 한잔을 기울여야 하는지 등 자신의 상처에 맞는 재생 연고를 발라주면 좋겠습니다.

화상을 입었는데 입병에 좋은 연고를 바른다거나 두드러기가 났는데 무좀 연고를 바른다면 탈이 날지도 모릅니다. 증상마다 적합한 연고가 있습니다. 마음의 상처도 그렇습니다. 각자의 상처는 깊이와 농도가 다 다릅니다. 자기만의 시간이 필요한 친구에게 "야! 뭘 그런 걸 가지고 그래. 술 한잔하면서 다 풀어"라고 강요하는 것은 두드러기 환자에게 무좀 연고를 권하는 것과 같습니다. 자신에게 맞는 재생 연고를 찾아 치료해주면 좋겠습니다.

그리고 만약 저녁에 잠들기 전에도 분이 안 풀려 또 그 일이 생각난다면 마지막으로 저녁용 재생 연고를 발라주세요. '오늘도 애썼어. 잘했어. 그때는 그 방법이 최선이었을 거야'라고 말입니다.

에너지 충전 **재생 연고**

Q. 오늘 하루 누군가의 말에 상처를 받았나요? 당신에게 위로가 되는 마음의 재생 연고는 무엇입니까?

....

....

....

이 집에서
못 살겠다고?

원하는 바를 구체적으로 요청해보기

"너는 뭐가 그리 당당하냐?"

"몇 번을 말해야 알아듣겠니?"

"너는 엄마 말이 말 같지 않니?"

이런 말들은 1장에서 소개한 바와 같이 에너지가 방전되는 대화법 중 비난의 표현입니다. 비난의 말들을 좀 더 천천히 곱씹어봅시다. 상대방이 이 말을 한 이유는 무엇일까요?

《원하는 것이 있다면 감정을 흔들어라(Beyond Reason)》의 저자이자 하버드대학교 협상심리연구센터의 소장인 다니엘 샤피로(Daniel Shapiro)는 "상대의 핵심 관심(속마음)을 잘 파악하는 것이 우리가 좋은 관계를 맺을 때 굉장히 중요하다"고 했습니다. 비난의 말을 상대의 절실한 요청으로 알아들을 수 있다면 우리는 좀 더 좋은 관계를 맺을 수 있을 겁니다. 몇 개의 문장 속에 숨은 상대의 속마음을 파악해봅시다.

"너는 뭐가 그리 당당하냐?"
ㄴ "너도 네 행동에 대해 잘못한 부분은 인정했으면 좋겠어."

"몇 번을 말해야 알아듣겠니?"
ㄴ "내 말을 잘 알아들었으면 좋겠어. 집중해서 들어줬으면 좋겠어."

"너는 엄마 말이 말 같지 않니?"
ㄴ "엄마가 말한 것은 지켜줬으면 좋겠어."

상대는 비극적인 표현으로 비난의 말을 하고 있지만 절실히 원하는 사항을 이야기하는 중입니다. 그러나 비난으로 표현하면 관계에 독을 뿌리는 말이 되어 상대는 당신이 한 말을 들으려 하지 않을 것입니다.

비난의 말을 에너지가 충전되는 말로 바꾸는 방법은 '부드럽게 구체적으로 요청하기'입니다.

한번은 딸이 일주일 동안 신었던 양말들을 돌돌 말아 침대 위에 올려놓고 책상 위에는 아이섀도용 붓 대여섯 개를 정리하지 않고 펼쳐놓고 나갔더군요. 화장하며 사용한 솜과 면봉들, 다 먹은 과자 봉지까지 고스란히 책상에 둔 채 등교를 했습니다. 더 이상은 안 되겠다는 생각에 딸에게 말했습니다.

"엄마가 이 집 가정부냐? 몇 번을 말해야 알아들어! 엄마 말이 우스워?"

딸이 "엄마가 세 번이나 말씀하셨는데 못 알아들었네요. 죄송해요. 바로 청소하겠습니다"라고 할까요?

그럴 리가요. 딸에게 건넨 말은 에너지가 고갈되는 대화법의 첫 번째 패턴, 즉 비난의 말이었습니다. 에너지를 고갈시키는 비난을 하고 있는데 딸이 바로 청소를 실행한다면 기적과도 같은 일이죠. 서로에게 충전이 되는 대화를 하고 싶었습니다. 비난의 표현을 어떻게 바꾸면 에너지가 충전될까요?

배운 대로 비난 대신 요청을 해보기로 했습니다.

엄마: 서정아, 엄마가 7일 동안 청소가 안 되어 있는 네 방을 봤어. 부탁하는데 주말을 제외하고 주중에는 네 방 청소 좀 해주겠니? 어떻게 생각해?"

딸: (말이 끝나기가 무섭게) 이 집에서 못 살겠네. 아니 무슨 청소를 다섯 번이나 해. 학원 갔다 오면 9시인데 일주일에 다섯 번을 청소하라고? 이게 말이 돼? 난 안 해! 못 해!

대화 훈련에 관련된 책에 이런 예시는 없던데 정말 이론과 실제는 다른 걸까요? 당황스럽더군요.

여러분도 이런 경험 있으신가요? 나는 쉬운 일이라고 생각하고 부탁했는데 상대방이 거절한 경우 말입니다. 이때 서로 간의 조율이 필요합니다. 사람마다 수용의 범위는 다 다르니까요. 청소 횟수에 대한 조율일 수도 있고 청소 범위에 대한 조율일 수도 있습니다. 저는 다시 물었습니다.

"그럼 넌 어떻게 하고 싶은데?"

"몰라."

"그럼 엄마가 제안해도 될까? 일주일에 두 번, 수요일과 일요일을 방 청소 하는 날로 정하면 어떨까? 청소할 때 신었던 양말과 스타킹은 세탁실에 갖다 놔줬으면 하는데 어떻게 생각해?"

그랬더니 딸은 알겠다고 하더군요. 조율하다가 방전될 뻔했지만 조율이 돼서 기뻤습니다. 이 대화를 통해 저는 청소에 대한 잔소리 횟수를 줄였습니다. 제가 딸에게 제안한 청소 범위와 횟수는 상황과 사람에 따라 다를 겁니다. 여기서 핵심은 서로의 의견을 조율하기 위해 구체적으로 요청했다는 점과 강요하지 않았다는 점입니다. (참고로 요청과 강요의 차이를 말씀드리고 싶은데요. 요청은 상대의 거절에 대한 의사도 수용하는 자세입니다. 반대로 상대방이 자신의 부탁을 거절했을 때 "너 어디 용돈 주나 봐라"라고 공포심을 주거나 "네가 그렇게 살면 되겠어? 사람들이 얼마나 지저분하다고 생각하겠어"와 같이 수치심을 주는 표현, "그래, 엄마가 허리가 아파도 네 방을 청소해줘야 직성이 풀린다는 거지?"라는 식으로 죄책감을 주는 표현들을 덧붙인다면 요청이 아니라 강요가 됩니다.)

조직에서도 구체적인 요청은 업무 성과를 내는 데 필요한 사항입니다. 중소기업의 모 대표가 직원들이 열정이 있었으면 좋겠다며 강의를 의뢰했습니다. 먼저 대표가 생각하는 열정적인 모습은 어떤 모습이냐고 물었습니다. 대표가 강조하는 모습이 무엇인지를 이해한 후에 직원들에게 포스트잇을 나눠 주며 물었습니다.

"여러분이 생각하시기에 열정적인 모습은 어떤 모습인지 적어볼까요?"

그러자 30여 명의 직원들이 다양한 답변을 주었습니다.

"지각하지 않는 거요."

"보고서에 수치 계산이 틀리지 않는 거요."

"인건비 줄이는 거요."

"전월, 전년 대비 매출을 잘 숙지하고 있는 거요."

다양한 의견이 나왔습니다. 30명의 직원 중 딱 한 명이 대표가 말한 열정의 모습을 이야기했습니다.

"계획을 잘 짜서 실행하고, 실행한 것을 피드백하고, 잘 안 되었으면 개선할 점을 다시 계획하고 실행하며 실수를 개선하는 것입니다."

대표가 원했던 것은 간단히 정리하면 '계획-실행-피드백(Plan-Do-See)'이었습니다. 3년 동안 회의 때마다 강조했는데 정확하게 아는 직원은 딱 한 명뿐이었습니다.

우리는 열정, 배려, 성실, 인내와 같은 추상적인 명사를 상대방도 자신과 동일하게 생각하고 행동할 거라고 기대합니다. "관심 좀 가져줘", "성실했으면 좋겠어", "자유롭게 좀 놔주면 안 돼?", "편하게 좀 살면 안 될까?"라는 말은 모두 추상적인 표현입니다. 추상적으로 표현할수록 행동으로 옮기기가 어렵습니다. 관심, 성실, 자유, 편함의 기준은 서로의 관점에 따라 인식의 범위가 다르니까요.

아카데미 4관왕을 차지한 영화〈기생충〉의 봉준호 감독은 디테일의 '끝판왕'으로 불립니다. 그 이유는 영화 장면 하나하나를 그림으로 묘사(콘티)해서 배우가 최고의 신(scene)을 표현할 수 있도록 도왔기 때문입니다. 요청도 상대에게 얼마나 구체적으로 표현하느냐에 따라 인식의 간극을 줄여줍니다. 예를 들어볼까요? 전업주부 A 씨는 남편에게 "관심 좀 가져줘!"라고 말했더니 남편이 '관심'이라는 단어를 '스킨십'으로 해석해서 화가 났다고 하더군요. A씨가 요청한 관심은 "주말에는 아이와 두 시간만 놀아줘"였는데 말입니다.

당신의 요청이 상대에게 더 잘 전달될 수 있도록 구체적 요청을 연습해볼까요? '봉테일(봉준호 감독)처럼' 그림을 그리듯 말이죠.

에너지 충전 대화법 **원하는 바를 구체적으로 요청하기**

예시

1. "매번 지각을 하나?" → "9시 5분 전에는 출근했으면 좋겠어."
2. "관심 좀 가졌으면 좋겠어." → "주말에는 아이들과 한 시간씩 놀아줬으면 좋겠어."

3. "정리 좀 해!" → "책상에 있는 쓰레기는 쓰레기통에 버리고 옷도 옷걸이
   에 걸어줬으면 좋겠어."

연습

본인이 자주 하는 비난의 말을 요청으로 바꿔봅시다.

- ....
- ....
- ....

그러네
잘못했네, 잘못했어
약간 인정

상대의 비난에 방어를 하는 이유는 무엇일까요? 상대가 자신의 관점이 정답인 양 강요할 때 그것이 진실이 아님을 반박하기 위해서입니다. 이때 어떻게 하면 대화가 더 잘 이루어질 수 있을까요? 에너지 충전용 대화의 두 번째 패턴은 '약간 인정'입니다.

모든 것을 인정하라는 말이 아닙니다. 자신의 과실이 0퍼센트라면 정당한 방어가 될지 모르지만 0.1퍼센트라도 잘못이 있다면 그 부분에 대해서만큼은 약간 인정하자는 의미입니다. '약간 인정'의 대화 방식은 존 가트맨이 이야기한 '상대가 공격했을 때 더 이상 독이 퍼지지 않도록 하는 대화 방식'입니다.

작년 봄에 봄나물이 너무 먹고 싶어서 마트에서 대여섯 가지 봄나물을 사 온 적이 있습니다. 일주일 내내 강의 스케줄로 늦게 귀가하는 바람에 요리할 시간이 없었죠. 결국 냉장고 안에 있던 나물들이 다 시들어버렸습니다. 냉장고를 열었다가 시들거나 썩어버린 나물들을 본 남편이 한마디 하더군요.

> 남편: 돈이 남아도냐?(비난)
>
> (이때 습관적으로 방어의 말이 떠올랐습니다.)
>
> 아내: 돈이 남아돌아서 이러겠어? 내가 놀았어? 일하느라고 못 만든 거잖아!(방어)

상상만으로도 에너지가 고갈되더군요. 에너지 충전용 대화법을 배웠으니 어색함의 강을 건너 '약간 인정'을 해보기로 했습니다.

> 남편: 돈이 남아도냐?(비난)
>
> 아내: 맞네. 자기 말이 맞아. 정말 돈이 아깝네. 이렇게 다 버릴 줄 알았으면 한두 가지만 사서 바로 해 먹을 걸 그랬어. 그치?

찡그렸던 남편 얼굴이 갑자기 펴지더군요. 약간 인정하는 저의 얼굴을 보며 살짝 당황한 듯했지만 이내 웃으며 이렇게 말했습니다.
"그래. 잘 좀 하자. 여보야."
그러고는 아무 일도 없었다는 듯이 소파로 돌아가 야구 중계를 보았습니다.

그 뒤로 '약간 인정'의 힘을 믿게 되었습니다. 제가 조금이라도 잘 못한 부분에 대해서는 인정하자고 마음먹었죠. 일정 부분에 대해서만 큼은 인정하고 대화를 이어나가는 것이 에너지 충전용 대화입니다.

강의 중에 만난 수강생들은 '약간 인정'에 대한 이야기를 하면 반 이상이 "인정하려는 순간 자존심이 상해서 못 하겠어요"라고 하더군 요. 상대방의 비난을 인정하면 자존심이 상해서 더 강하게 방어하고 싶어진다고 말입니다. 충분히 이해합니다. 저도 그랬으니까요. 그런 자 신의 마음을 외면할 필요는 없습니다. 불편한 마음이 드는 데는 다 이 유가 있겠죠. 그렇다면 왜 그런 마음이 드는지 생각해봅시다.

제 경우에는 '컨디션이 안 좋을 때', '가슴 아픈 상처를 건드렸을 때 (트라우마를 자극하는 말)', '평상시에 상대방이 인정과 존중의 표현을 자주 해주지 않았을 때'였어요. 상대방이 잘 대해주지도 않으면서 비 난의 말을 하면 상대방의 잘못을 꾸짖고 싶은 마음이 더 강해지더라고 요. '나만 잘못했냐? 그러는 자기는? 자기는 뭐 100퍼센트 다 내 마음 에 들어서 말을 안 한 줄 알아? 내가 말을 안 해서 그렇지. 자기도 마음 에 안 들었던 행동들 많았거든?' 혹은 '당신이 나한테 잘해준 게 뭐 있 다고 큰소리야?'라는 마음이 앞섰습니다. 상대에게 받은 호감과 존중 의 에너지가 없으면 '약간 인정'도 참 어려운 수행의 길이라 느껴졌습 니다.

또는 약간 인정을 하긴 했는데 대화 순서를 어떻게 배치하느냐에 따라 에너지가 충전되기도 하고 고갈되기도 합니다. 인정을 한 것 같긴 한데 자신의 사연을 먼저 말하고 인정을 하면 상대방에게는 '변명'처럼 들립니다. 예를 들면 다음과 같습니다.

> 남편: 돈이 남아도냐?(비난)
>
> 아내: 사실 이번 주 토요일에라도 일 마치고 와서 나물을 무치려고 했는데 이렇게 시들 줄은 나도 몰랐지. 내가 일부러 돈 버리려고 그랬겠어? (변명)
>
> ┕, 맞네. 자기 말이 맞아. 정말 돈이 남아도는 것도 아닌데… 아깝다. 이렇게 다 버릴 줄 알았으면 한두 가지만 사서 바로 해 먹을 걸 그랬어. 다음엔 한 가지만 사서 바로 요리할게.(약간 인정)

이번에는 친구 간의 대화를 예로 들어보겠습니다.

> 친구 A: 너는 왜 이렇게 약속 시간에 늦니?
>
> 친구 B: 차가 늦게 와서 늦었어. 차가 엄청 막히더라고. 정말 미안해.(변명 후 인정)
>
> ┕, 늦어서 정말 미안해.(약간 인정)

Q. 최근에 스스로 생각해도 그 부분은 약간 인정을 했어야 했는데 못한 말이
있나요? 그 사건을 떠올리며 약간 인정의 표현을 연습해봅시다.

너니까
신경쓰고 싶어

호감과 존중의 표현

은행에서 마이너스 통장을 써본 적 있으세요? 돈이 얼마 안 들어 있는데 통장에서 자꾸 인출을 하면 결국 마이너스 통장이 되잖아요. 인간관계에도 통장이 있습니다. 감정계좌 통장입니다. (인맥이 넓을수록 많은 감정계좌 통장이 있겠죠?)

상대의 감정계좌 통장에 '호감과 존중'의 표현으로 예입을 해주지 않은 상태에서 자꾸 무엇인가를 바란다면 상대도 부탁을 들어주기가 힘듭니다. 비난이 아니라 부드럽게 요청한다 해도 말입니다. 30대 직장인 K 씨는 평소에 연락 한번 없던 친구가 결혼을 한다며 청첩장을 보내준다고 주소를 알려달라고 하더랍니다.

"전혀 연락 없이 지내다가 결혼한다면서 주소를 물어보더라고요.

어이없지 않아요?"

충분히 그런 마음이 들 수 있을 듯합니다. 제 지인 중에도 제가 필요로 할 때는 곁에 없다가 자기가 필요할 때만 연락해서 부탁하는 사람이 있는데, 그럴 때는 저도 제 시간을 선뜻 내어주기가 쉽지 않더라고요.

한번은 남편이 대만에 출장을 갔다가 화이트닝 효과가 뛰어나다는 치약을 사 왔습니다. 한 주간 강의 일정으로 바빠서 토요일이 되어서야 대청소를 할 수 있었는데, 화장실이 정말 공중 화장실 저리 가라 할 정도로 지저분했죠. 그런데 아뿔사! 화장실 세제가 없는 거예요. 그 순간 저의 레이더망에 걸린 것은 다름 아닌 대만제 화이트닝 치약이었습니다. 베이킹 소다 성분이 많을수록 화장실 청소에는 제격이라는 말을 들었던 저는 그 치약 반 통을 써서 화장실을 깨끗하게 청소했습니다.

남편이 퇴근하고 돌아와서 화장실에서 손을 씻다가 저를 급히 부르더군요. "자기야! 치약이 왜 이렇게 없어졌어?"라고 묻기에 부엌에 있던 저는 해맑게 웃으며 "어, 오늘 세제가 없어서 그걸로 화장실 청소를 좀 했어. 깨끗하지?"라고 말했습니다. 그 순간 독백인 듯 독백 아닌 어조로 정확하게 제 귀에 들렸던 한마디!

"아니, 이런 정신 나간 여자를 봤나!"

그날 저녁, 불편한 마음으로 식사를 했습니다. 남편은 밥을 먹다 말고 어머님이 관절로 고생하고 계신다며 보약을 한 제 해드려야겠다고 하더군요. 저도 모르게 실소가 터져 나왔습니다. 시어머님 약을 해드리기 싫어서가 아니라 '아까 그 정신 나간 여자가 어떻게 보약을 해드리러 가나?' 싶어 딴지를 걸고 싶은 마음이 굴뚝같았거든요.

'정신 나간 여자', '멍청이', '꼴사납게 그게 뭐냐!' 등과 같은 경멸의 표현은 독성이 매우 강합니다. 한번 그렇게 표현하고 나면 상대방의 마음에 오래도록 남게 됩니다. 비난이나 방어는 한두 번의 긍정적 표현으로 해독될 수 있지만 경멸은 그리 쉽게 사라지지 않습니다. 경멸은 표현하지 않는 것이 가장 좋지만 만약 경멸의 표현을 들었다면 긍정적 표현을 다섯 번 정도는 들어야 간신히 에너지를 얻을 수 있습니다. 따라서 경멸의 대화가 오고 가기 전에 평상시에 호감과 존중의 표현을 자주 해주는 것이 좋습니다. 일상에서 호감과 존중의 표현을 통해 감정계좌에 예입한 사례들을 소개해보겠습니다.

가정에서

오전에 대청소를 하고는 저녁 강의를 하러 나갔습니다. 퇴근하고 집에 돌아온 남편에게 문자 한 통이 왔습니다.

"자기야, 집에 딱 들어오자마자 청량감이 느껴져. 집이 정말 깨끗하다. 청소하느라 고생했어."

ㄴ 나의 수고를 인정해주니 기분이 좋더라고요. 청량감이라는 표현도 마음에 들었고요.

아침 일찍 출근한 남편이 이런 문자를 보냈습니다.

"오늘 햇볕이 따갑네. 선크림 꼭 바르고 나가."

∟ 관심을 가지고 걱정해주고 보살펴주는 이가 있다고 생각하니 행복했
    습니다.

저녁 일정을 보고 집에 들어가며 남편과 전화 통화를 했습니다.

"밥은 어떻게 할까?"

"어 나는 울 딸이랑 김치찌개 먹을게. 자기는?"

"고구마 먹으면 돼. 나는 신경 쓰지 마."

"너니까. 신경 쓰고 싶어."

∟ 이 말에 설레기까지 하더라고요. 고마웠습니다.

신랑이 김치찌개를 먹으며

"자기야, 오늘 이 김치찌개는 팔아도 되겠다. 정말 맛있어."

∟ 음식을 맛있게 먹어주고 표현해주는 것은 요리한 사람에게는 더할 나
    위 없는 기쁨을 선사합니다.

직장 내에서

"영미 씨, 지난번에 회사에서 바뀐 제도 궁금하다고 했지? 내가 자료 뽑으
면서 자기 것도 뽑아서 책상에 갖다 놨어"라며 팀장님이 자료를 책상에 올
려놔주셨는데 정말 고마웠어요.

"과장님 요즘 힘드세요?" 하면서 팀원이 레모나를 건네주었습니다. 요즘

힘든 일이 많았는데 레모나에 적힌 '힘내세요'라는 글귀에 힘이 났습니다.

장기 프로젝트를 성황리에 마치고 팀장님이 팀원들 앞에서 칭찬을 해주셨습니다.
"지수 씨가 프레젠테이션 발표 사례를 구체적으로 연구해준 덕분에 우리 팀 프로젝트가 잘 끝났어. 정말 수고했어"라고 하셨을 때 뿌듯하고 벅찼어요.

연구에 따르면 일상에서 호감과 존중의 표현을 자주 주고받은 사람들이 훨씬 행복감이 높다고 합니다.
당신과 인간관계를 맺고 있는 사람들의 감정계좌에는 얼마가 들어 있나요?

에너지 충전 대화법 | 호감과 존중의 표현

Q. 최근에 다른 사람에게 했던 호감과 존중의 표현을 적어봅시다. 배우자, 친구, 직장 동료 등에게 했던 호감과 존중의 표현을 떠올려보며 감정계좌 입금액도 함께 적어보세요. (1부터 100까지의 숫자로 표현해봅시다.)

1. 배우자:
   (입금액:)

2. 친구:

(입금액:)

3. 직장 동료:

(입금액:)

함부로
타인에게 공감하지 마세요

자기 공감, 자기 진정

상담을 하면서 알게 된 직장인 K 씨는 부인이 자주 회사로 전화해서 마음이 불편하다고 했습니다. 아이가 셋인 가정의 가장인데 독박 육아를 하고 있는 부인이 매일 회사로 전화를 한다는 겁니다. 부인은 시도 때도 없이 전화해서 "몇 시에 와. 언제 올 거야. 나 너무 힘들어"라는 말을 한다고 했습니다. K 씨는 그 상황을 설명하면서 이렇게 말했습니다.

"저는 아내가 뭐가 힘든지 잘 모르겠어요. 저도 힘들거든요. 일이 너무 많아서 하루 종일 분주한데 자꾸 힘들다고 하니까 짜증이 나요. 솔직히 공감도 안 돼요. 그런데 주변에서는 공감을 해주라고 하니 더 힘들어요. 억지로라도 공감해줘야 하나요?"

저는 그에게 되물었습니다.

"억지로 공감이 되세요?"

"아니요…."

"그럼 공감하지 마세요."

"네?"

"억지로 공감하려니 힘들다면서요. 힘든데 어떻게 부인에게 공감하겠어요? 억지로 공감을 했을 때 어떤 반응이 나오던가요?"

"솔직히 말씀드리면 회사에서 그런 전화를 받으면 제가 부인한테 계속 짜증을 내더라고요. 맞아요. 공감하기 너무 힘들었어요."

"그럼요. 그럴 수 있죠. 짜증 날 수도 있죠. 짜증이 날 때 부인에게 주로 뭐라고 하세요?"

"너만 힘들어? 나도 힘들어. 너는 내가 노는 줄 알지? 이렇게 말한 적도 있어요."

부인은 그런 남편에게 "어떻게 이해가 안 돼? 애 셋 키우는 게 얼마나 힘든데?"라고 반박했다고 하더군요.

상대가 변하기만을 바라다가 말도 안 통하고 행동에 변화가 없으면 침묵(담쌓기)이 더 낫겠다는 생각이 들기도 합니다. 대화를 할수록 에너지가 빠지니까요. K 씨가 부인에게 "그랬구나. 힘들었구나"라는 공감의 말이 진심으로 나오지 않았던 이유는 무엇일까요?

혹자는 상대방이 이해가 안 간다면 이해하기 위해 질문하는 자세가 필요하다고 제안합니다. 무엇이 그토록 힘든지, 어떤 점이 가장 힘든지 등 상대의 이야기를 들어야 이해하는 데 도움이 됩니다. 하지만 질문도 자기 안에 에너지가 있을 때 하게 되더군요.

K 씨는 "강사님의 얘기를 듣고 보니 부인에게 화를 안 냈던 때는 제가 컨디션이 좋았을 때였어요"라고 말했습니다. 컨디션을 좋게 하는 방법은 사람마다 다양합니다. 담쌓기까지 가지 않고 에너지를 주는 대화를 하길 원한다면 자기 공감을 먼저 해보세요. 상대의 말에 힘들어하는 자신을 먼저 위로하고 토닥일 때 대화에 에너지가 생깁니다. '회사 일도 힘든데 부인까지 힘들다고 하니 마음이 무겁고 때론 지치는구나. 나도 휴식이 필요한데 말이지. 어떻게 하면 에너지가 채워질까?'를 스스로에게 먼저 물어봐주는 거죠. 그는 '상대 공감보다 자기 공감이 먼저다'라는 말에 공감한 듯 고개를 끄덕였습니다.

저에게도 자기 공감의 중요성을 느낀 경험이 있습니다. 한번은 가족들과 설악산으로 여행을 갔습니다. 딸이 설악산 입구에서 "얼마나 걸려? 아직 멀었어? 나 걷는 거 싫다고 했잖아!"라고 말하는 순간, 남편은 "너는 매사 늘 부정적이냐! 어떻게 너 좋은 것만 하고 사냐! 싫어도 산에 올라도 보고 도전도 해봐야지!" 하고 말했습니다. 딸도 지지 않고 아빠의 말을 받아쳤습니다. "의견도 못 내? 물어보지도 못 해? 싫은 걸 싫다고 말도 못 하냐고!" 부녀의 대화가 팽팽하게 이어졌죠. 그 사이에 저는 딸의 마음을 공감하려고 애썼습니다. 정말 애를 썼습니다. "딸, 걷는 거 힘들구나." 공감하고 있는 저의 모습을 보더니 남편이 그러더군요.

"구나구나 그것 좀 그만해! 그렇게 매번 공감을 해주니까 얘가 버르장머리가 없는 거야!"

남편에게 "야!"라고 갑자기 소리를 지를 뻔했습니다. 저도 딸의 반응에 당황스러워서 노력하고 있었는데 "구나구나 그것 좀 그만해!"라는 말을 듣는 순간 표정은 순식간에 일그러질 대로 일그러지고 씩씩거리는 소리가 제 귀에도 들렸습니다. 하지만 저는 회복탄력성을 배운 여자니까 심호흡을 했죠. 힘들었습니다. 그 순간 '아! 나 또한 지금 몹시 화가 나 있구나' 알아차렸습니다. 억지로 대화를 시도하지 않았습니다.

"각자 걷자. 딸, 네가 안 가고 싶으면 여기 차 안에서 기다려도 좋아"라고 딸에게 제안했더니 "몰라" 하면서 따라오더군요. 뜻하지 않게 각자 산을 오르게 되었죠. 서로 다른 보폭으로. 흔들바위까지 올라갔는데 인증 사진 한 장 없이 내려왔습니다. 모두 화가 나 있는 상태였으니까요. "사진 찍을까?"라고 제안할 생각도 없었습니다. 대화를 나눌 에너지가 없었거든요. 화가 나 있는 상태에서 대화를 시도하면 나중에 후회할 말을 하거나 더 크게 화를 낼 것 같았습니다. '딸의 행동, 남편의 비난, 가족의 평화가 깨져서 지치고 화가 났구나'라고 저를 공감해주고 충분히 호흡하며 내려왔습니다. 제 마음을 다독여주었죠.

저녁을 먹고 숙소로 돌아와 모두의 컨디션이 좋아졌을 때 다시 대화를 시도했습니다. 설악산 입구에서보다 차분해진 목소리로 말이죠.

엄마: 엄마는 네가 설악산 흔들바위까지 간다고 해서 데리고 갔는데 얼마

나 걸리냐고 하고 아직 멀었냐고 해서 당황했어. 같이 이야기 나누며 흔들바위까지 걷고 싶었거든.

딸: 내가 간다고 했지만 처음 올라가는 건데 흔들바위까지 얼마나 걸리는지 내가 어떻게 알아. 엄마도 내가 걷는 거 싫어하는 거 알잖아. 그래서 물어본 건데 물어보는 것도 안 돼?

엄마: 얼마나 걸리는 건지 궁금했던 거구나. 그렇네. 엄마랑 아빠는 걸리는 시간과 거리를 알고 있었지만 너는 처음이니까 모를 수도 있었겠다.(약간 인정) 그럼 다음번에 산에 갈 때는 얼마나 걸리는지 말해주면 되겠어?(구체적 요청)

딸: 응. 그리고 여행 일정을 짤 때 내 생각도 해주면 좋겠어. 엄마에게 휴식은 산을 오르거나 박물관 가는 거겠지만 내게 휴식은 호텔에서 쉬거나 맛있는 음식 먹는 거야.

엄마: 그렇구나. 솔직하게 말해줘서 고마워. 다음 여행에서는 서로 좋아하는 것을 하자. 엄마가 박물관에 다녀오는 동안 너는 수영을 하거나 호텔에서 쉬면서 맛있는 걸 먹는 것도 괜찮겠네. 친구를 데리고 와서 놀아도 좋고. 그러면 되겠어?

딸: 응.

충분히 자기 공감을 한 후에 대화를 시도하니 설악산 초입에 있을 때보다 여유 있게 딸의 이야기를 들을 수 있었습니다. 자기 공감은 잘 듣고 잘 말하기 위해 에너지를 채우는 일입니다. 에너지가 고갈된 상태에서는 타인 공감을 억지로 하지 않는 편이 낫습니다. 억지로 하다 보면 힘이 들어갑니다. 감각, 감정, 말에 힘이 들어가면 상대에게 비극적으로 표현할 가능성이 높습니다.

자기 공감으로 화를 다스린 경험은 제게도 신선했습니다. 자신을 먼저 돌보는 마음이 얼마나 중요한지 깨닫게 된 경험이었거든요. 더불어 영화의 한 장면이 떠올랐습니다. 2018년 초에 개봉했던 〈리틀 포레스트〉인데요. 주인공 혜원(김태리 분)은 애인과 헤어지고 준비했던 임용 고사에도 떨어지는 등 하던 일이 잘 안 풀리자 시골집에 내려와 생활합니다. 사계절을 지내며 엄마와 나누던 대화를 회상하는 장면이 있었는데요.

"이 토마토 말이야. 이걸 저 밭에 막 던져도 다음 해에 열매가 열린다. 신기하지? 그런데 두 가지 조건이 있어. 던져져도 햇살을 잘 받아야 돼. 그리고 잘 익은 토마토여야 해."

엄마(문소리 분)가 여름 햇살이 가득한 평상에 앉아 맛있게 토마토를 먹으며 혜원에게 건넨 말입니다. 영화가 끝나고 집에 오는 길에 '아무리 좋은 햇살을 받아도 잘 익은 토마토가 아니면 썩는다'는 말을 곱씹어보았습니다. 좋은 친구, 환경, 배움이 있어도 자신을 잘 돌보지 않는 사람에게서는 어떤 영양분도 열매로 발현되지 않는다는 말로 들렸습니다. 잘 익은 토마토가 우리 자신이었으면 좋겠습니다. 내가 잘 익어야 막 던져져도 다시 살아날 힘이 생깁니다.

타인 공감을 하기 전에 자기 공감을 먼저 하는 것은 상대가 비난할 때 에너지가 고갈되는 것을 예방하거나 에너지를 미리 비축해두는 현명한 태도입니다. 잘 익은 토마토가 되기 위한 자세입니다. 자신의 마음 상태가 평안해야 햇살을 맞이할 수 있습니다. 자기 공감이 되어야 상대를 볼 여유가 생깁니다.

K 씨에게 말했습니다. 부인에게 공감하는 것이 힘들 때는 현재 자신의 에너지를 점검해보라고. 불편하거나 짜증 나는 마음이 올라온다면 심호흡을 하고 자기 공감을 충분히 한 뒤에 다시 전화를 걸어도 좋을 것 같다고. 그의 뒷모습에서 미소를 보았습니다.

에너지 충전 대화법 자기 공감, 자기 진정

| 상대방과 대화가 잘되지 않을 때 |

1. 심호흡을 합니다.
2. 불편한 상황이나 감정에 대해 자기 공감의 표현을 글로 적어봅시다.
   (~를 들었을 때, 보았을 때 내 마음이 ○○○하구나. 나는 ○○○을 원했는데…)
   예 신랑과 딸이 서로 소리를 높여 이야기하는 모습을 보았을 때 안타까웠구나. 실망스러웠구나. 오순도순 이야기를 나누며 산을 오르고 싶었는데.

여기까지 에너지가 고갈되는 대화 패턴과 충전되는 대화 패턴을 알아보았습니다.

에너지가 고갈되는 대화 패턴	에너지가 충전되는 대화 패턴
비난	구체적으로 부드럽게 요청
방어	약간 인정
경멸	호감과 존중의 표현
담쌓기	자기 공감, 자기 진정

※ 에너지가 고갈되는 대화 패턴에는 이 외에도 판단, 당연시, 강요, 비교, 합리화 등이 있습니다.

지금 이 순간에
집중

집중의 즐거움

그녀는 눈을 감고 고개를 들었습니다. 잠시 하늘을 바라보는가 싶더니 눈을 뜨고 테이블에 놓인 카푸치노를 음미했죠. 한 모금 마신 후에는 신문을 읽었습니다. 생수병의 물을 조금 흘러 손을 헹구고는 왼쪽 손바닥을 펴서 테이블에 살포시 놓았습니다. 오른쪽 손바닥은 의자 팔걸이에 얹었습니다. 다시 눈을 감고 고개를 들었습니다. 태양이 그녀의 얼굴을 어루만져주었습니다. 눈을 지그시 감은 걸로 보아 눈꺼풀 앞에서 펼쳐지는 햇살의 춤사위를 감상하고 있는 듯했습니다. 어쩌면 제 짐작과 달리 그녀는 시각적인 감각은 놓아두고서 그저 산들바람을 느끼고 있는지도 모릅니다. 어떠한 감각이나 인식 없이 명상에 잠겼는지도 모르지요. 저로서는 알 수가 없었습니다.

정오가 지난 시각이었습니다. 태양은 강렬했습니다. 동양에서 온 저는 자외선을 피해 그늘에 앉아 있었지만 크로아티아에서 만난 그녀는 강렬한 햇살에도 아랑곳하지 않고 여름날의 태양볕을 즐겼습니다. 일종의 의식처럼 보였습니다. 단순한 습관이라 하기에는 그녀의 몸짓이 경건함을 자아낼 정도였습니다. 지금 이 순간에 머무는 이의 평온을 보니 나도 모르게 그녀의 평온에 동화되었죠.

그녀의 의식이 무엇을 위함인지 그리고 지금의 마음 상태가 어떠한지는 알 수 없었지만 눈에 보이고 마음으로 느껴지는 행동만으로도 울림을 주었습니다. 그녀의 몸짓을 따라 하고 싶어질 만큼.

저는 무더위를 날려버릴 시원한 맥주 한 잔을 주문했습니다. 여느 때라면 주문한 맥주를 기다리는 동안 며칠간 여행하며 찍었던 사진들

크로아티아의 어느 맥줏집에서 만난 여인

에너지 충전

133

을 감상하거나 다음 여정을 검색했을 텐데, 그때는 그러지 않았습니다. '지금 이 순간'에 집중하고 싶었거든요.

주문한 맥주가 나왔습니다. 평소라면 맥주 한 잔을 단번에 들이켜 '캬!' 한마디 외침이면 끝났겠지만, 그날은 맥주를 천천히 마셨습니다. 맥주 한 모금이 들어가는 순간 혀에서 한 번, 목으로 넘어갈 때 한 번, 짜릿한 느낌이 온몸으로 전해졌습니다. 한쪽 눈을 찡그리게 될 정도로 톡 쏘는 청량감이 잠자고 있던 미각 세포들을 깨웠습니다. 그 순간 산들바람이 목덜미를 훑고 지나갔습니다. 고개를 들어 구름 한 점 없는 깨끗한 하늘을 바라보고 있으니 한 계절을 온전히 느끼고 있는 듯해 마음이 풍성해졌습니다. 크로아티아 여인 덕분에 오감을 열어 주변의 일들과 자연을 만끽하는 기쁨을 잠깐 체험했습니다. 찰나였지만 마음이 평온했습니다.

한국에 돌아와서 크로아티아의 감흥을 다시 느껴보고 싶었습니다. 아침에 일어나자마자 커피 물을 올렸습니다. 따뜻한 커피를 들고 창가로 갔습니다. 떠오르는 태양을 바라보며 창밖에서 부는 바람을 코끝으로 느껴보았습니다. "좋네, 좋아"라는 짧은 외침과 함께 새벽 풍광을 음미하는가 싶더니 발걸음은 이미 식탁으로 옮겨졌습니다. 오늘의 일정표를 바라보며 또 다른 생각에 잠겼습니다. '오늘 식구들에게 아침으로 무엇을 챙겨주지?' 하고 고민하고 있더군요. 커피를 마시며 스케줄과 아침밥을 고민하는 순간 이미 황홀한 일출의 감흥은 온데간데없이 사라지고 산들바람의 산뜻함도 커피 향도 뒷전이었습니다. 커피 향은 음미의 대상이 아니라 작업을 돕는 수단으로 전락하고 말았습니다. 그러고 보니 자주 그래왔던 것 같았습니다. 모든 것을 수단이 아닌 목적으로 대할 수 있다면 다양한 차원의 만족감을 느끼겠구나 싶었습니다. 새벽 공기를 들이마시며 한 가지 결심을 했습니다.

'한 번에 하나씩 음미해야지!'

꾸준히 실천하기 쉽지 않은 이상적인 다짐이지만 추구하려는 열의만으로도 일상이 달라질 것입니다. 한 번에 한 가지에 집중하는 일은 생각보다 쉽지 않습니다.

멀티태스킹(다중 작업)이라는 말을 들어보셨을 겁니다. 동시에 몇 가지 일을 하거나 몇 가지에 주의를 집중하는 능력을 가리킵니다. 스탠퍼드대학교의 클리퍼드 내스(Clifford Nass) 교수는 멀티태스킹이 신화일 뿐이라고 지적합니다. 전화 통화를 하면서 인터넷 검색을 하거나 음악을 들으면서 수학 문제를 푸는 멀티태스킹에 대해 분석해보니 멀티태스킹이 잘된다는 사람들이 실제로는 한 번에 한 가지 일에 집중하는 사람보다 업무 능력이 낮았다고 합니다. 멀티태스킹은 정신적 유연성과 기억력을 저하시킵니다. 조화나 균형과는 반대되는 상태입니다. 에너지가 빠지는 상태인 거죠.

이 얘기를 들었던 수년 전부터 집중력을 연습해왔는데 언젠가부터 노력이 둔화되었습니다. 다시 집중력을 키우고 싶어지네요. 여러분도 한 번에 하나씩만 해보시길 권합니다. 이메일을 열었으면 곧바로 회신하고(메일을 읽었다가 다른 일을 하고 돌아오면 집중력이 손실될 뿐 아니라 그 메일을 다시 읽어야 하므로 시간도 낭비됩니다), 문서를 손에 잡았으면 그때 바로 처리합니다(지금 완료하지 못할 일이라면 아예 손에 잡지 않는 것도 방법입니다). 뭔가를 검색하려고 핸드폰을 열었으면 검색하고자 하는 단어만 검색하고, 커피를 마실 때도 다른 일을 하지 않고 잠깐의 휴식과 여유에 집중해보세요. 일에 더욱 몰두하게 되고 만족감도 높아지는 것을 느끼게 될 겁니다.

에너지 충전 | 집중의 즐거움

Q. 하루에 한 번 한 가지에만 집중하는 연습을 해봅시다.

1. 책을 읽을 때나 식사를 할 때, 산책을 할 때는 핸드폰을 잠시 꺼둡니다.
2. 인터넷 검색을 할 때는 검색하고자 했던 것만 찾아본 후 바로 컴퓨터나 핸드폰을 닫습니다.
3. 커피를 마실 때는 커피 맛만 음미해봅니다.
4. 오늘 가장 중요한 일을 시간을 정해놓고 온전히 집중해서 해봅니다.
5. 운동을 할 때는 자신의 호흡에만 집중해봅니다.

인생의 NG 장면,
다시 찍읍시다!

장면 정지 기법

드라마나 영화를 보면 가끔 옥의 티를 발견할 때가 있습니다. 조선 시대를 배경으로 한 사극에서 자개장 위에 갑티슈가 보인다거나 일제 강점기인데 천장에 빌트 인 에어컨이 보이는 경우도 있습니다. 이때 당신이 감독이라면 어떻게 할까요? 완벽한 장면을 연출하기 위해서 "컷! 다시 세팅해!" 하지 않을까요?

일상에서도 계획한 상황과 전혀 다른 장면이 훅 들어오면 감독처럼 '컷'을 외치고 싶을 때가 있습니다. 다시 찍고 싶은 거죠. 나만의 완벽한 경험을 위해서 말입니다.

작년 1월에 컷을 외치고 싶은 경험 하나가 있었습니다. 한 업체에서 저에게 강의를 의뢰했는데, 이 업체는 일주일에 한 번씩 다양한 작가와 강사의 조찬 강의를 듣는다고 했습니다. 그런 강의가 벌써 햇수로 7년째라고 하더군요. 색다른 콘텐츠가 아니면 반응이 없을 수도 있다는 교육 담당자의 말에 사뭇 긴장이 되었습니다.

드디어 첫날이 되었습니다. 20대 후반부터 30대 초반의 교육생들을 오랜만에 만났죠. 교육생들은 질문을 해도 답이 없었고 어떤 이야기를 전달해도 반응하지 않았습니다. 강의를 한 지 11년 차가 되어가지만 이런 청중을 만나면 아직도 등에서 식은땀이 납니다. 정말 빨리 끝내고 집에 가고 싶었습니다. 하지만 다음 주에 또 만나야 했습니다. 1주 차 강의를 마치고 집으로 돌아와 남편에게 "강의를 많이 들어서 그런가? 식상한가? 강의 내내 핸드폰만 보는 사람, 질문해도 답이 없는 사람들이 많더라고. 아무튼 너무 힘들었어"라고 수강생들을 탓하듯 말했습니다.

그날 불편한 마음으로 소파에 앉아 〈백종원의 골목식당〉을 시청했습니다. 피자집 사장님의 이야기가 나오고 있었습니다. 백종원 씨는 피자집 사장님에게 시식단 20명의 평가를 통해 '맛있다'는 표를 절반 이상 받으면 장사에 대한 솔루션을 주고, 과반수에 미치지 못하면 솔루션을 줄 수 없다고 말했죠. 결과는 비참했습니다. 20명의 맛 평가단 전원이 음식에 대해 혹평을 했고 다시는 이곳에서 음식을 먹고 싶지 않다고 했습니다.

백종원 씨는 피자집 사장님에게 무엇이 문제인 것 같으냐고 물었습니다. 그러자 사장님은 "우선 손님들이 잠발라야(미국 남부 전통 음식의 하나로 쌀과 고기, 채소, 해산물 등의 재료를 볶고 육수를 부어 끓여서 만드는 요리)라는 음식에 대한 이해도가 떨어지는 것 같고요. 제가 혼자 하다 보니 홀 서빙도 해야 하고 음식도 만들어야 하니까 너무 힘든 것 같아요"라고 말하더군요.

백종원 씨는 미간을 찌푸리며 그에게 단호한 어조로 이렇게 충고했습니다. 호통을 치듯 말했지요.

"사장님, 일주일간 시간을 드렸는데 한 번이라도 20인분 연습해보셨어요? 처음이에요? (사장님은 처음이라고 했습니다.) 사장님, 그런 마인드로 장사하면 안 돼요. 아니 그런 마인드로 장사하면 큰일 나요. 손님이 사장님의 음식을 이해하지 못한다니요. 우리가 손님의 마음을 이해하고 어떻게 하면 맛있게 드실 수 있을까를 고민해야지. 어떻게 손님의 이해를 받지 못한 것을 손님 탓으로 돌려요? 이런 마인드로 일하려면 이 일 하면 안 돼요. 내가 일주일이나 시간을 줬는데 사장님은 뭐 하셨어요?"

얼굴이 몹시 화끈거렸습니다. 백종원 씨의 조언이 제게 하는 말 같았거든요.

"김근하 강사는 일주일 동안 뭐 했어요? 예전에 하던 내용 그대로 소통 강의했어요? 대상이 다른데 연구를 하기는 했어요? 얼마나 했어요? 그들의 고민을 알아요? 알려고 하지도 않고 수강생 태도나 탓하고 자기 강의를 집중해서 듣지 않는다고 푸념이나 하고. 그럴 거면 강의 하지 마세요. 강의하면 안 돼요."

사실 2주 차 강의 중에 "여기 계신 분들 중에서 결혼하신 분 계세요?"라고 묻고는 그제야 수강생 중에 결혼한 사람이 없다는 것을 알았습니다. 아뿔싸! 저의 예시는 남편과의 대화, 자녀와의 대화였는데 말이지요.

'반응이 없었던 게 당연했구나.'

청중 분석도 제대로 하지 않았던 제가 부끄러웠기에 피자집 사장님께 전달하는 피드백은 온전히 제 얘기 같았습니다. 이때 저는 제 삶의 연출자로서 당당하게 '컷!'을 외쳤습니다. 옥의 티가 보이는데 그대로 놔두고 지나가는 것은 용납이 되지 않았거든요. 인생의 NG 장면을 삶에 도움이 될 수 있는 장면으로 편집하고 싶었습니다. 회복탄력성의 문제 해결 방법인 장면 정지 기법으로 말이죠. 이 기법은 5단계로 이루어집니다.

1단계 인정하기

우선 저의 감정이나 태도를 인정했습니다. '강의를 만족스럽게 끝내지 못해서 아쉽고 수강생들이 아무 반응을 보이지 않아 불편했구나. 속상했구나. 그럴 수 있지'라고 스스로를 토닥였습니다.

2단계 심장 호흡하기

심장에 주의를 집중했습니다. 이 단계는 에너지를 재생하기 위한 단계입니다. 심장으로 숨을 들이쉬고 내쉬는 상상을 하며 평소보다 조금 느리고 조금 깊게 호흡합니다. 심장 호흡을 하다 보면 이것저것 잡다한 생각이 떠오르기도 합니다. 그때는 다시 심장에 집중하며 더 천천히 호흡합니다. 5초간 들이마시고 5초간 천천히 내쉽니다(이 호흡이 빠르게 느껴진다면 자신에게 편안한 속도로 호흡해도 좋습니다).

3단계 긍정이나 재생의 감정 작동하기

자신이 경험한 사건과 연관된 감사한 사람이나 사물, 상황을 떠올려봅시다. 이 단계 또한 에너지 재생을 위한 단계입니다. 심장 호흡과 더불어 긍정적인 감정이 느껴지는 사람이나 상황을 떠올리면 독창적 사고를 위해 필요한 직관 지능을 발휘하는 데 도움이 됩니다.

감사를 마음속으로 표현하거나 글로 써봅니다. 제 경우에는 '지금이라도 강의를 수정할 수 있어서 다행입니다. 업체에 나를 추천해준 G 강사님 정말 고마워요. 덕분에 귀한 경험을 하네요. 잘할 수 있을 거라고 아침마다 응원해주고 기도해준 U 강사님 너무 고마워요'라고 표현하고 나니 제 안에 에너지가 채워지는 느낌이 들었습니다. 감사의 감정을 떠올린 후 마음은 더욱 편안해졌습니다. 감사는 빠져나가는 에너지를 막아주는 역할을 톡톡히 하더군요.

4단계 질문하기

좀 더 객관적인 시각에서 어떤 것이 더 효과적인 태도나 행동인지, 혹은 해결책인지 스스로에게 물어보았습니다. 객관적인 입장에서 생각해보면 문제를 좀 더 균형 잡힌 관점으로 바라보게 됩니다.

'1차, 2차 강의에서 보완할 점은 무엇인가?'

'무엇이 가장 아쉬운가?'

'원하는 것과 얻은 것의 차이와 원인은 무엇인가?'

'다음 강의에서 해야 할 것과 하지 말아야 할 것은 무엇인가?'

'그들이 소통이라는 주제에서 가장 궁금한 것이 무엇일까?'

'수강생들은 SNS에서 고객과 어떻게 소통하고 있는가?'

'그들이 생각하는 효과적인 SNS 소통법은 무엇일까?'

'매출을 올리는 SNS 스토리는 어떤 내용인가?'

묻고 또 묻다 보니 'SNS 스토리 커뮤니케이션'이라는 주제를 얻을 수 있었습니다.

5단계 관찰 후 행동에 옮기기

4단계까지 실행한 후 자신의 관점이나 태도, 기분에 일어난 미묘한 변화를 조용히 관찰했습니다. 유익한 변화가 있었는지, 새롭게 깨달은 바가 있었는지 살펴보고 행동으로 옮겼죠. 이때 해결책이나 통찰을 얻으려고 애쓰지 않아도 됩니다. 느껴지는 것이나 떠오르는 생각을 조용히 바라봅니다. 답을 찾지 못했더라도 봉착한 문제에 대한 자신의 감정에 변화가 있었느냐가 중요합니다. 제 경우 처음에는 수강생들을 원망했었는데 업체의 다양한 SNS 홍보 내용을 연구하면서 속상했던 감정이 설렘으로 전환되었습니다. 수강생들에게 도움이 될 생각에 말이죠.

장면 정지 기법은 문제에 대해 좀 더 명료하게 생각하고 해결책을 찾는 데 도움을 주었습니다. NG라고 생각하는 장면을 '인정(Accept) – 심호흡(Deep Breath) – 감사(Thanks) – 질문(Question) – 행동(Action)' 순으로 연습하다 보니 다음번에 이와 비슷한 일을 경험했을 때 문제를 잘 해결할 수 있는 능력도 생겼습니다.

새로운 프로젝트를 진행할 때도 장면 정지 기법을 이용합니다. 잘하고 싶은 마음이 앞서다 보면 동료들과의 일처리가 뜻대로 되지 않아 화가 날 때도 있고 상처를 받을 때도 있습니다. 직장에서 제대로 보상도 못 받고 혼자 일하는 것 같은 느낌이 들 때도 있습니다. 신입이 들어왔는데 소통이 잘되지 않을 때도 있습니다. 반복되는 갈등이 당신을 힘들게 한다면 상황을 인정하고 삶을 재편집해보는 것은 어떨까요? 삶의 주인공도 연출자도 바로 당신이니까요.

에너지 충전 **장면 정지 기법**

NG 장면을 다시 연출하고 싶은 상황을 떠올리며 장면 정지 기법을 연습해봅시다. (인정–심호흡–감사–질문–행동)

1. 당신이 최근 당면한 문제는 무엇입니까?

....

....

2. 그때 당신의 마음을 써보고 인정해주세요.

....

....

3. 심장 호흡을 한 후 그럼에도 감사한 일을 적어봅시다.

....

....

4. 어떻게 하면 이 문제를 해결하는 데 도움이 될지 여러 가지 질문을 해봅시다.

....

....

5. 마음과 생각에 어떤 변화가 관찰되나요?

....

....

경험할까요?
기억할까요?

기억자아 연습하기

어느 날 메신저 단톡방에 이런 글이 올라왔습니다.

"책꽂이에 쌓아놨던 보드게임 박스가 우르르 무너지면서 머리에 꽝 부딪쳤어요. 순간적으로 바닥에 쓰러졌고 아주 잠깐 기절했다가 깼는데 그런 경험은 처음이었어요. 머리에서 피가 나기 시작했어요. 아내가 놀라서 달려와 일으켜주고는 어찌할 바를 몰라 울고 있었어요. 그런데 바보처럼 입에서 감사가 나오더라고요. 첫째, 우리 아이들이 아니라 내가 다친 게 다행이다. 둘째, 넘어지면서 다른 곳에 부딪쳐 더 크게 다치지 않아 다행이다. 셋째, 이 정도면 강의 다녀오는 데 지장이 없어서 다행이다."

조찬 모임 운영자, 곽동근 소장의 문자였습니다. 그는 기절을 했다가 피를 발견했는데 '다행이다'라는 표현을 했습니다. 단톡방에 있는 회원들은 "그런 상황에서도 감사하고 다행이라고 생각하다니 정말 대단하세요"라며 그의 관점에 감탄했습니다.

그에게 물었습니다. 어떻게 피가 나는 상황에서도 감사로 생각이 빠르게 전환되는지 말이죠. 그는 자신의 성공 습관 중 하나가 '되새기기'라고 했습니다. 다시 음미해본다는 되새기기, 즉 해석 능력이 그를 긍정적으로 만들었던 겁니다.

불평했던 날도 있었겠죠. 이때 경험을 재해석해보는 겁니다.

'그때 그 말은 너무 심했나?'

'그때 그 행동은 괜찮았나?'

재해석 훈련을 지속하다 보니 비슷한 경험을 하게 되면 좀 더 현명한 선택을 하게 되었다고 했습니다.

저에게도 경험을 재해석해본 사건이 있었습니다. 2014년 5월, 경찰대학교 경위, 경감들을 위한 강의가 있었습니다. 주제는 '창조적인 혁신 경영'. 강의 시간은 여섯 시간이었습니다. 강의를 의뢰받은 후 어찌나 심장이 떨리던지요. '경찰들은 반응이 어떤가?' 하며 강의 걱정으로 머릿속이 복잡했습니다.

오전 9시! 드디어 강의가 시작되었습니다. 강의 시간이 두 시간 반쯤 흘렀을까요? 경감들의 표정이 하나둘씩 어두워졌습니다. "5년 뒤의 계획을 좀 더 구체적으로 적어보는 시간을 가져보겠습니다"라는 말이 떨어지기 무섭게 왼쪽 구석에 앉아 계시던 경감님이 손을 드셨습니다.

"김근하 강사님! 강의가 잘되고 있는 것 같습니까? TV도 안 봐요? TV에 나오는 김미경 강사는 뭘 쓰지 않아도 청중을 공감을 시키는데 강사님은 뭘 이렇게 쓰라는 것이 많아요!"

경감님은 오전 강의에 대해 10분 동안 피드백을 했습니다. 100여 명의 수강생 앞에서.

저와 청중 사이에 진공막이 있는 것 같았습니다. 몹시 큰 목소리였는데 고요하게 들렸습니다. 경감님의 말은 무거운 공기를 뚫고 예리한 칼날이 되어 제 마음을 인정사정없이 할퀴고 지나갔습니다. 100명의 시선이 가시처럼 꽂혔습니다. 포인터를 쥐고 있던 손은 사시나무 떨듯 떨고 있었죠. 5센티미터 굽의 갈색 구두는 부들부들 떨고 있는 제 다리를 지탱하기엔 한없이 나약하게 느껴졌습니다. 마이크를 간신히 부여잡고 입을 열었습니다.

"자꾸 기록하라고 해서 불편하셨어요? 그러실 수도 있겠네요. 지금 시간이 11시 30분인데요. 많이 힘드신 듯해서 지금부터 점심시간을 드리도록 하겠습니다. 1시 30분에 뵙겠습니다."

경찰대학 최초로 점심시간을 두 시간 드렸습니다. 탈탈 털린 심신을 끌고 강사 대기실로 향했습니다. 어떻게 걸었는지 기억조차 나지 않습니다.

집에 돌아오는 차 안에서도 쉽게 감정이 가라앉지 않더군요. "100명 앞에서 잘잘못을 따지며 피드백을 하는 경감님 태도는 옳은 건가? 너무 한 거 아니야?"라고 독백조로 말하며 열을 식히려고 했지만 좀처럼 화는 가라앉지 않았습니다. 운전을 하며 친구에게 경감 욕을 하면서 집에 왔지요. 집에 도착해서도 가족들과 저녁을 먹으며 또 욕을 했습니다.

"내가 오늘 무슨 일 있었는 줄 알아? 내 강의가 지루했나 봐. 그러면 잠이나 잘 것이지. 갑자기 손을 들고는 오전 강의에 대해 불만을 얘기하는 거야. 100명 앞에서 말이야. 그게 제정신이냐? 그래, 안 그래? 내가 이상한 거야? 아니지?"

식사 후 불편한 마음으로 책상 앞에 앉았습니다. 강의 일지를 쓰면서 재해석을 해보았죠. 불평과 비난은 성장에 도움이 되지 않을 테니 질문으로 되새김질을 해보았습니다. 바둑으로 따지자면 복기를 하는 순간인데요. 얼마나 쓰라리던지요. 복기를 하면서도 얼굴이 화끈거렸습니다.

Q. 원하는 것은 무엇이었나?
청중의 적극적 참여.

Q. 얻은 것은 무엇인가?
10분간 신랄한 비난의 피드백.

Q. 왜 차이가 났는가?
청중을 제대로 분석하지 않아서.

Q. 이번 경험을 통해 배운 것은 무엇인가?

청중 분석을 제대로 하자. 새로운 고객사일 경우 일주일은 청중 분석을 위해 준비 시간을 갖자. 남성들의 공감 소재를 연구해야겠다.

질문을 하며 재해석하다 보니 경찰대학교의 경험은 강의력을 높이는 데 꽤나 큰 도움이 되었습니다. 김주환 교수의 《회복탄력성》을 보면 재해석하는 능력이 회복탄력성을 높이는 데 얼마나 도움이 되는지 소개되어 있습니다. 심리학자인 대니얼 카너먼(Daniel Kahneman) 교수의 이론에 따르면 인간은 경험자아와 기억자아라는 것이 뚜렷이 구분되어 있는 존재라고 합니다.

경험자아는 현재 내가 경험하는 것을 느끼는 자아입니다. 이 자아는 지금 벌어지는 기쁜 일이나 쾌락은 즐기지만 고통이나 괴로움은 피하려고 합니다. 보드게임 박스에 머리를 맞고 쓰러졌던 경험이나 경찰대학교에서 비난받은 경험을 피하려는 자아가 경험자아에 해당됩니다.

한편 기억자아는 지나간 경험을 평가하는 자아입니다. 곽동근 소장의 경우 '이 행동은 괜찮은 행동인가?', '그때 그 말은 상대에게 적절한 표현이었는가?'라고 평가하는 자아, 저의 경우는 '경찰대학교에서의 경험을 통해 배운 점은 무엇인가?' 등으로 재해석하는 자아가 기억자아에 해당됩니다.

경험자아로만 산다면 '경찰대 경감 욕하기'로 사건을 종료했을 겁니다. 하지만 경험을 재해석한 기억자아는 불평으로 끝날 수 있었던 일을 더 많은 도전으로 이끌었습니다. 남성들의 이야기를 더 알기 위해 조찬 모임에 참석했고 경위, 경감들의 이야기를 더 알기 위해 직접 인터뷰를 하기도 했습니다. 그 결과 다른 곳에서 경찰 강의를 할 때는 경찰대학교에서보다 현장감 있는 사례를 들어 이야기하게 되었죠.

기쁨과 쾌락은 즐기고 고통이나 괴로움은 피하고 싶다면 경험자아를, 도전과 성장을 원한다면 기억자아를 상황에 맞게 선택해보면 좋겠습니다.

에너지 충전　**기억자아 연습하기**

Q. 최근에 경험한 일 중 실망스럽거나 고통스러운 경험이 있었나요? 그 경험을 통해 배운 점이 있다면 무엇입니까?

....

....

....

해저 8미터도
그녀와 함께라면

인정의 말

6여 년 전만 해도 아침이 싫었습니다. 저의 민낯을 직면하는 시기였거든요. 강연자에게 일이 없으니 백수나 다름없는 삶을 살았죠. 페이스북을 열면 모두 바빠 보였습니다. '강릉, 대전, 광주, 부산으로 강의를 간다', '○○ 기업과 미팅을 했다', '6차수 강의를 모두 의뢰받았다' 같은 글들이 마구 쏟아져 나왔으니까요. 저와는 다른 세상 이야기 같았습니다. 그럴 때마다 자기계발서에 빈번하게 등장하는 '남과 비교하지 말고 어제의 자신과 비교하세요'라는 말은 얼마나 영혼 없이 들리던지요.

그렇게 명언에도 거부감을 느끼며 살던 제게 삶이 말을 걸어왔습니다. '너 이대로 살아도 괜찮겠어? 너의 하루는 네가 봐도 만족스러운 하루야?'라고 말입니다. 일이 없을 때는 정오가 다 돼서 일어났습니다.

늦은 아침 겸 점심을 먹고 오후엔 책을 읽다가 졸리면 또다시 두어 시간 잠을 잤습니다. 두 시간 정도 콘텐츠에 대한 고민을 하다가 저녁 준비를 하고 밥을 먹고는 인터넷 서핑을 하다가 잠이 들었습니다. 글로 나의 하루를 써보니 스스로가 괜찮다고 하기에는 너무나 부끄러운 하루였습니다.

그날의 일기장을 열어보니 이렇게 적혀 있네요.

2014년 8월 20일
핸드폰을 열며 아침을 열었다. 단톡방의 대화들을 보다가 페이스북으로 건너가 수많은 사람들이 열심히 사는 일상을 보았다. 핸드폰을 덮었다. 마음을 다잡고 책을 읽다가 늦은 아침 겸 점심을 먹었다. 졸리기 시작하자 책을 덮고 침실로 향했다. 낮잠이라고 하기엔 부끄러울 만큼 꽤 긴 시간 잠들었다가 일어나니 오후 5시. 저녁 준비를 하기 시작하니 또 하루가 허망하게 가는구나.

게을렀던 제게 작은 경각심을 안겨준 사건이 하나 있었습니다. 2014년 8월 22일이었습니다. 7박 9일간 몰디브로 가족들과 여행을 갔습니다. 햇살에 빛나는 백사장과 에메랄드빛 바다가 아름다웠죠. 풍성한 과일과 야채, 그리고 갓 구운 빵과 스테이크 등을 먹으며 하루하루를 보냈습니다. 아주 맛있었죠. 모든 것이 좋았습니다. 평화로운 일상이 점점 지루하게 느껴지기 전까지는 말이죠. 나흘째 되는 날부터 무언가 재미난 일이 있었으면 좋겠다고 생각했습니다. 아침 일찍 일어나 스킨 스쿠버에 도전하기로 마음먹었습니다. 자유형밖에 못 하니 물에 뛰어들기가 살짝 두려웠죠. 강사는 수영을 못해도 스킨 스쿠버에 도전할 수 있다며 영상실로 안내했습니다. 바닷속에서 할 수 있는 기초 수화, 위기 대처법, 호흡법 등을 자세히 알려주었습니다.

"수영 초보자들에게는 긴 호흡이 쉬울까요, 짧은 호흡이 더 쉬울까요? 경험상 후자가 더 쉽더라고요. 우리는 긴 호흡을 연습할 거예요. 간혹 수중에서 호흡 박자가 잘 안 맞으면 본능적으로 숨을 참고 물 밖으로 나오려고 하세요. 그렇게 하면 어떻게 되는지 아세요? 고객님의 폐와 뒤에 있는 산소통이 동시에 터져 죽을 수도 있어요."

강사는 무서운 이야기를 친절한 말투로 설명해준 후 서류 두 장을 건넸습니다.

"여기 서명해주세요. 그리고 나머지 한 장은 남편분 서명 부탁드릴게요."

"이게 뭔가요?"

"사망 동의서예요."

스킨 스쿠버를 경험하기도 전에 사망 동의서에 서명을 해야 이 체험을 할 수 있다고 하더군요. 공포감이 밀려왔습니다. 심장이 두근거렸지만 '나보다 어린 강사도 했는데 나라고 못 하겠어?'라는 오기가 생겨 서명을 하고 바다로 이동했습니다. 수심 1미터 호흡 연습부터 시작했습니다.

"아까 영상을 보며 배운 호흡 기억나시죠? 길게 내쉬었다가 길게 들이마셔보세요. 좋아요. 한 번만 더 해봅시다. 이제 잠수한 상태에서 호흡을 연습할 거예요. 좋았어요. 자, 이제 바닥에 앉는 연습을 해봅시다. 수심 2미터로 이동해서 연습할 건데요. 이 연습을 하는 이유는 잠시 후 5미터 깊이에서 바닥에 앉아 산호초를 부식해서 물고기들에게 먹이를 줄 건데 그걸 미리 연습해보는 거예요."

산소통을 메고 앉는 일은 생각보다 쉽지 않았습니다. 산소통의 부력에 의해 몸은 수면 아래로 가라앉을 기미조차 보이지 않았죠. 이때 강사는 제 등에 달린 산소통을 지그시 눌러 앉혀주었습니다. 당황스럽긴 했지만 강사의 도움으로 편안하게 바닥에 착석했습니다.

"산소통을 메고 앉는 게 쉬운 일이 아니죠? 저도 그랬어요. 지금은 바닥에 잘 앉으셨네요. 자세 좋아요. 자, 이제 바닥에서 물고기들에게 먹이 주는 경험을 하고 5미터로 이동해볼게요. 준비되셨어요?"

"네!"라고 선뜻 말했지만 짙은 어둠과 수심에 놀랐습니다. 무엇보다 수압이 세서 쓰고 있던 수경이 들썩거려 무서웠습니다. 순식간에 호흡은 불규칙적으로 변했고 설상가상으로 많은 양의 기포가 생기면서 눈앞이 잘 보이지 않았죠. 강사는 저의 표정을 읽었는지 잠시 휴식을 위해 수면 위로 올라갔습니다.

"괜찮아요? 힘드시면 여기까지만 도전하셔도 돼요."

"아니에요. 괜찮아요. 계속해볼래요."

"그럼 수심 8미터로 이동하겠습니다. 불편함이 느껴지거나 힘들면 언제든지 수화로 표현해주세요."

"네, 선생님!"

수심 8미터의 수온은 5미터보다 더 차가웠습니다. 영하 20도의 추위에 바다로 뛰어든 느낌이라고 해야 할까요? 순식간에 온몸이 얼어붙은 듯했습니다. 수온보다 더 힘든 문제는 수압이었습니다. 고막이 찢어질 듯 아팠거든요. '포기할까' 하는 마음이 기포처럼 솟아오를 때 신기하게도 내면에서는 '잘될 거야. 아까 강사님이 1미터, 2미터에서도 잘한다고 말씀해주셨잖아. 지금까지 잘했으니까 수심 8미터도 문제없을 거야'라고 말하더군요.

스킨 스쿠버 8미터 도전에 성공한 날 저녁 식사를 하면서 신랑에게 말했습니다. "자기야. 신기하게 스킨 스쿠버를 할 때는 너무 고통스러웠는데 성공하고 나니까 뭘 하더라도 잘할 수 있을 것 같아"라고 말입니다.

스킨 스쿠버 해저 8미터 도전에 성공할 수 있었던 이유는 무엇이었을까요? 저는 작은 성공의 경험이 그 이유라고 생각했습니다. 수심 1미터에서 호흡 성공, 수심 2미터에서 잠수하며 앉는 자세 성공, 수심 5미터에서 수경이 들썩거림에도 호흡과 자세 성공, 마지막으로 수심 8미터에서 냉동실 같은 수온과 고막이 찢어질 듯한 수압을 견디며 성공했거든요. 이 모든 것을 떠올렸을 때 작은 성공의 경험이 축적되었기 때문에 도전에 성공했다고 믿었습니다.

여행을 마치고 한국에 돌아와서도 스킨 스쿠버의 감흥은 쉽게 사라지지 않았습니다. 곰곰이 생각해보았죠. 스킨 스쿠버 다이빙 강사의 말이 떠올랐습니다.

"잘하셨어요. 아까 말씀드린 호흡법을 잘 소화하고 계세요. 지금까지 도전하신 분들 중에 가장 자세가 좋으셨어요. 힘드시면 조금 쉬었다 할까요? 괜찮으면 출발할까요? 힘들면 언제든지 말해도 괜찮아요. 지금까지 자세도 정말 안정적이었어요."

이런 말이 없었다 해도 각각의 단계를 잘 이겨낼 수 있었을까 하는 생각이 들었습니다. 돌이켜보니 인정의 언어가 성공의 원동력이었습니다.

마크 트웨인은 말합니다.

"나는 한 번 칭찬을 받으면 두 달 동안은 잘 지낼 수 있다."

그의 말대로라면 1년에 여섯 번만 칭찬을 받아도 1년 동안 잘 살 수 있다는 이야기인데요. 스쿠버 다이빙을 하는 내내 열 번도 넘게 인정의 언어를 들었으니 마크 트웨인식 계산법이라면 스무 달은 거뜬히 잘 지낼 수 있는 보약을 받은 거죠. 몰디브 여행을 마치고 돌아온 후 저는 가을에 시작할 공개 강의를 준비하며 콧노래를 불렀습니다.

Q. 어떤 인정의 말을 들을 때 도전의 힘이 생기나요?

....

....

....

Q. 누구에게 인정의 말을 들으면 더 힘이 생기나요?

....

....

....

Chapter 3
에너지 확장

에너지
휘날리며

관계 선행

1892년 이탈리아 로제토 마을 사람들 대부분은 미국의 펜실베이니아로 이민을 와서 살게 되었습니다. 이 마을 사람들은 흡연율도 높고 비만율도 높았습니다. 그럼에도 불구하고 1950년대 미국 사회에서 남성의 사망 원인 중 선두였던 심장마비 환자도 거의 없고 심장질환의 흔적조차 보이지 않았습니다. 오클라호마 의대 교수 울프는 로제토 마을 사람들이 장수 마을로 불리자 이 마을의 삶을 분석하기 시작합니다.

"당신들은 이탈리아에서 먹는 올리브유를 가지고 요리를 하나요?"

"아니요. 저희는 미국으로 건너오고 나서는 식용 돼지기름으로 요리를 합니다."

"당신들은 몸에 좋은 토마토와 안초비, 양파 등을 빵에 얹어 먹나요?"

"아니요. 미국인들과 같이 소시지, 페퍼로니, 살라미, 햄 그리고 가끔 계란을 얹은 피자를 먹는데요."

"과자도 안 먹죠?"

"아닌데요. 저희는 부활절에만 먹던 비스코티 쿠키를 미국에 온 이후로 1년 내내 먹습니다."

아니 이 사람들 뭐죠? 식습관도 미국인과 다르지 않고 담배도 뻑뻑 피워대고 비만과 맞서 싸우느라 허덕이는데도 건강하다니 말입니다. 그 비밀은 로제토 마을 자체에 있었습니다.

그들은 서로를 방문하고, 길을 걷다가 멈춰 서서 담소를 나누고, 뒤뜰에서 음식을 만들어 나눠 먹기도 하고, 서로 고민을 들어주기도 하는 등 일종의 '확장된 가족 구조'를 가지고 있었습니다.

로제토 마을에 대한 이야기를 처음 접했던 것은 말콤 글래드웰의 《아웃라이어》라는 책을 통해서였습니다. 비만율과 흡연율이 높은데도 장수한다는 이야기가 신기해서 로제토 마을에 대한 논문을 찾아보았습니다. 논문에서 눈에 띄는 특징을 찾았습니다. 사람들이 삶을 즐기는 방식이었습니다.

"이 마을은 아주 따뜻하고 친절한 사람들이 있는 곳이었어요. 그들은 서로를 신뢰했으며 서로를 도와주었습니다. 가난한 사람들은 있었지만 진정한 가난은 없었습니다. 이웃들의 빈곤한 삶을 서로가 채워주었고 결국 서로가 서로를 챙겨주는 관계 안에 장수의 비결이 숨어 있었습니다."

관계 안에서의 선행이 이들을 더욱 장수하게 만든 겁니다. 서로를 돕는 따뜻한 관계 덕분에 그들은 장수할 수 있었습니다.

저는 2017년 로제토 마을 사람들과 같은 조찬 모임을 알게 되었습니다. 꽃샘추위가 기승을 부리던 3월, 그 모임에서 알게 된 동생 J가 힘들어한다는 이야기를 들었습니다. J가 일하던 대안학교의 교장선생님께서 교통사고로 갑자기 돌아가시는 바람에 학교 운영에 갈등이 생겼습니다. 게다가 여러가지 일을 도맡아 하면서 학부모들로부터 인정도 못 받고 비난의 목소리만 듣다 보니 의기소침해져 있었습니다. 어느 날 조찬 모임의 운영자에게서 문자가 왔습니다.

"근하 강사님! 3월 19일 저녁에 시간 돼요? '에너지 휘날리며'라는 프로젝트가 있는데 삶에 지치고 힘든 친구에게 힘을 주는 프로젝트야. 만 원 미만의 선물과 위로 편지를 주며 밥 한 끼 같이 먹는 프로젝트인데 올 수 있어요?"라고 묻더군요. 그 당시 저는 누군가를 위로해줄 만한 에너지가 없었습니다. 저 또한 진행하던 프로젝트가 잘되지 않아서 기분이 우울했거든요. 그의 제안에 바로 답하지 못했습니다. '위로는 나도 필요한데'라는 생각이 들더라고요. 저녁 7시, 살짝 갈등이 되었습니다. 하지만 그 모임만 가면 에너지를 얻었던 터라 일정을 마치고 자연스럽게 모임 장소로 발걸음을 옮겼습니다. 30여 명의 친구들이 모였습니다. 동생 J가 나타나자 우리는 소리를 질렀습니다. "J 만세! J 만세! J 만세!" 그가 착석하자 우리는 흥분을 가라앉히고 작은 선물과 위로의 편지를 건넸습니다.

"J야, 지금 너의 고난이 인생의 좋은 향기가 되길 바라"라는 쪽지와 함께 디퓨저를 선물했습니다. 누군가는 청소용 솔을 선물하며 "너의 힘든 마음을 솔로 박박 닦아줄게"라는 말을 건네기도 했습니다. 저녁 식사로 족발과 보쌈을 먹었습니다. 가족처럼 J에게 쌈을 싸서 먹여주며 "힘내. 네 곁에는 우리가 있잖아"라는 응원의 말도 잊지 않았습니다. J는 식사를 마치고 이렇게 소감을 전했습니다.

"정말 고맙습니다. 세상에서 제일 바쁜 사람들이 제가 뭐라고 이렇게 모이고 그래요. 거짓말 같은 하루네요. 아, 정말 감동입니다. 너무 고맙고 눈물이 나네요. 큰 힘이 되었습니다. 정말 잘 살겠습니다."

8시 반쯤 모임 장소에서 빠져나와 집으로 향했습니다. 2호선 삼성역은 사람들로 꽉 차 있었죠. 삼성에서 일산까지 한 시간 반이나 걸리는 거리를 서서 갔습니다. 가방에는 노트북과 교구들이 가득했지만 이날만큼은 무게감이 느껴지지 않았습니다. 3월 초라 밤공기는 제법 찼지만 제 몸은 이미 온기로 가득했죠. 눈가는 촉촉해졌고 마음은 그 어느 때보다 뿌듯했습니다. 지하철 창가에 비친 제 모습을 보니 미소를 한가득 머금고 있더군요.

함께 참여했던 친구들은 집으로 돌아가서도 단톡방에서 이날의 감흥을 나눴습니다. "주인공도 아닌데 제가 더 감동을 받았어요", "제가 더 힘이 났어요", "위로는 제가 더 받은 듯해요"라는 말들로 말이죠. 무엇이 이토록 우리를 행복하게 만든 걸까요?

서로가 서로를 챙겨주는 따스한 사람들과 나눈 선행의 에너지 때문 아닐까요?

달라이 라마는 이렇게 말합니다.

"선행은 다른 사람을 도우면서 자신도 구원할 수 있는 현명한 이기주의다."

'선행이 자신을 구원한다'라는 표현이 무척 마음에 들었습니다. 그런 의미에서 제가 만든 모임이 하나 있습니다. 2014년 문을 연 마커스 독서 모임은 제가 성장하고 싶어서 만든 모임입니다. 프리랜서로 시작했던 강사 생활은 녹록하지 않았습니다. 조직 안에서 사내 강사를 할 때와는 사뭇 달랐습니다. 고정적으로 들어오는 수입이 많지 않다 보니 수입에 따라 감정 기복도 심했죠. 그때는 한 달에 한 번 만나는 독서 모임이 제 삶에 전부인 것처럼 진행했습니다. 밤을 새워가며 책을 읽고 논문이나 다양한 정보를 수집해서 콘텐츠를 만들었습니다.

그 독서 모임이 올해로 7년이 되었습니다. 마커스 독서 모임을 통해 강사의 꿈을 이룬 회원도 있고 작가의 꿈을 이룬 회원도 있습니다. 다른 사람을 도우니 제가 구원받는 느낌이 들더라고요. 독서 모임 회원 Y 씨는 《타이탄의 도구들(Tools of titans)》을 읽고 '예스(yes)를 여섯 번만 외쳐보라'라는 말을 실천해서 코딩 강사가 되었다고 고백했습니다. 코딩 강사 지원을 하며 두려워할 때도 예스! 아무리 먼 곳으로 강의를 지정받아도 예스! 돈을 적게 준다고 해도 예스! 아이들이 수업 내용이 어렵다고 하면 두 번 세 번 설명하는 것도 예스! 이렇게 '예스'를 외치며 강의를 한 결과 교육업체 대표가 인정하는 코딩 강사가 되었습니다. 꽉 찬 한 달 스케줄을 보여주며 그녀가 해맑게 웃더라고요.

"강사님! 나 이 은혜는 꼭 갚을 거예요. 독서 모임 덕분에 평범한 주부에서 코딩 강사가 되었어요. 강사님의 강의 스킬도 정말 배울 점이 많았어요. 그리고 책을 읽고 삶에서 실천할 수 있었던 것은 강사님이 책의 핵심만 뽑아 진행해준 독서 미니 특강 덕분이에요. 정말 고마워요."

이 느낌을 뭐라고 표현해야 할까요? 벅찬 감동으로 눈가에 눈물이 맺히더라고요. 관계 안에서의 선행은 다른 어떤 에너지보다 큰 에너지를 선사해주었습니다.

에너지 확장을 지속하고 싶어서 선행을 하고 일기를 쓰고 있는데요. 선행 일기에는 두 가지 질문이 있습니다.

Q1. 당신은 오늘 다른 사람에게 어떤 도움을 주었나요?

예1 힘들어하는 친구를 만나 말을 자르지 않고 끝까지 들어주며 밥 한 끼를 사주었다.

예2 오늘 발표를 앞두고 있는 친구에게 '잘할 수 있을 거야. 힘내'라고 문자를 보내고 아메리카노 한 잔을 쿠폰으로 선물했다.

예3 전철을 타고 가는데 할머니가 서 계셔서 자리를 양보했다.

Q2. 선행 후의 생각이나 느낌은 어떠한가요?

예1 친구가 고맙다고 인사를 건네고 집으로 돌아간 뒤에도 생각을 정리하는 데 도움이 되었다고 문자를 주었을 때 몹시 뿌듯했고, 내가 다른 사람에게 도움을 줄 수 있는 존재라는 생각이 들어 스스로가 대견하기도 했다.

예 1 친구가 발표를 앞두고 떨렸었는데 마음이 안정됐다고 말해서 기뻤다.

예 1 할머니께서 자리를 양보해줘서 정말 고맙다고 하실 때 앉으시라고 용기 내서 말하길 잘했다는 생각이 들었고 어르신이 편안히 가시는 모습에 흐뭇했다.

(선행과 더불어 그 행동을 한 후 느꼈던 감정을 기억하고 머물러봅니다. 그 에너지를 느껴보세요.)

에너지 확장 　　　**관계 선행**

Q. 당신은 오늘 다른 사람에게 어떤 도움을 주었나요?

....

....

....

....

....

Q. 선행 후의 생각이나 느낌은 어떠한가요?

또
그럴 건가요?

자기 성찰

밤 11시쯤 언니에게서 문자가 왔습니다. 아버지가 음식을 먹기만 하면 구토를 하시고 어지럽고 가래가 끓고 기침을 하신다며 병원에 예약을 했는데 내일 아버지를 모시고 병원에 갈 수 있냐는 내용이었습니다. 예닐곱 번 정도 입원하신 적이 있는 아버지 소식에 저도 모르게 '아버지는 왜 또 아프신 거야'라는 생각이 자동적으로 떠올랐습니다.

다음 날 아침 병원에 도착해서 노인 내과에 접수를 하고 기다렸습니다. 의사는 아버지의 증세에 대해 몇 가지 물어본 후 소견을 간단하게 설명하시고는 아버지에게 잠시 나가 계시라고 했습니다. 의사는 보호자인 제게 앉으라고 하더니 이렇게 물었습니다.

"저런 증상이 언제부터 생겼나요?

"1년은 넘은 것 같아요. 두 달 전부터 더 심해지셨어요."

"하나의 원인으로 보기는 어려울 것 같은데요. 우선 추측하기로는 당뇨병이 오래되면(아버지는 20년 넘게 당뇨약을 복용하셨습니다) 그 결과 신경이 다 망가지게 되고 위의 소화 기능도 떨어져요. 그래서 소화가 안 되실 수도 있고요. 술은 얼마나 드시나요? 술을 자주 드시는 것도 문제이긴 합니다. 두 번째, 예전에 심장혈관을 확장하기 위해 스텐트를 넣으면서 신장 기능이 떨어진 것일 수도 있어요. 마지막으로 당뇨의 합병증으로 콩팥이 망가져서 신부전증이 생기고 요독이 쌓였을 수도 있습니다. 제가 걱정하는 것은, 당뇨병으로 인한 신경 손상도 있지만 지금 감각 기능의 반응이 무척 느린 것(손발을 펴고 쥐는 것에 매우 느리게 반응하셨습니다)으로 보아 뇌 자체에 문제가 있을 가능성도 있어서 입원을 하신 후에 여러 가지 검사를 해봐야 할 것 같습니다. 이런 증세가 있으신 분들이 오래 사시지 못하는 경우도 종종 있다는 걸 알고 계셔야 할 것 같습니다."

의사는 이렇게 소견을 이야기해주었습니다.

그 순간 혀가 목젖으로 말려 들어가는 느낌이 들면서 목이 메었습니다. 광대뼈는 사시나무 떨듯 떨리기 시작했고 아버지에 대한 연민은 순식간에 눈물로 변해버렸습니다. 아버지는 어느 방으로 안내되어 우울증 검사를 받았습니다. 저는 보호자로서 동석했죠. 간호사가 다양한 질문을 하기 시작했습니다.

"어르신, 지금 행복하다고 느끼시나요?"

"아니요. 이렇게 기력도 없고 건강을 잃어서 행복하지 않아요."

"어르신, 최근에 스트레스 받은 경험이 있으신가요?"

"나는 술을 보약이라고 생각하고 먹어요. 술로 목을 축여야 밥을 먹을 수 있거든요. 그런데 부인은 밥 먹을 때 술을 먹으면 술 좀 그만 마시라고 잔소리를 해요. 그때 스트레스를 엄청 받습니다."

보호자 자격으로 회의실에 앉아 있던 저는 어이가 없어서 실소가 터져 나왔습니다. 건강을 잃은 가장 큰 원인이 술인데 행복하지 않은 이유가 술을 마음껏 마시지 못해서라고 말하는 아버지가 이해되지 않았습니다. 마치《어린 왕자》에 나오는 술꾼 같았습니다.

그 이야기를 잠깐 소개하자면 이렇습니다. 세 번째 별에서 왕자는 술꾼을 만납니다.

"아저씨! 지금 뭘 하고 계신 거죠?"

몹시 우울한 표정으로 술꾼이 답했습니다.

"술을 마시고 있잖니."

어린 왕자가 물었습니다.

"왜 술을 마셔요?"

술꾼이 대답했습니다.

"잊기 위해서란다."

어린 왕자는 왠지 술꾼이 측은하게 느껴졌습니다.

"뭘 잊고 싶은데요?"

술꾼이 머리를 숙이며 대답했습니다.

"부끄러움을 잊고 싶단다."

"뭐가 부끄러운데요?"

"술을 마시는 게 부끄럽구나."

이렇게 말하고 술꾼은 긴 침묵에 잠겼습니다. 어린 왕자는 어리둥 절했습니다.

어린 왕자 이야기를 아버지의 이야기로 각색하면 이렇지 않을까요?

"어르신, 지금 행복하다고 느끼시나요?"

"아니요. 이렇게 기력도 없고 건강을 잃어서 행복하지 않네요."

"무엇 때문에 기력도 없고 건강을 잃었다고 생각하세요?"

"술을 마셔서 몸이 탈이 난 거죠."

"술을 왜 드셨는데요?"

"행복해지려고요."

"술을 드셔서 건강을 잃었고, 건강을 잃어서 행복하지 않으시다면 서요."

"그러니까 행복해지기 위해서 술로 목을 축여야 한다고요."

"네?"

아버지는 검진을 받으러 오기 1주일 전에도 계속 술을 드셨습니다. 술 때문에 위절제술을 했을 때도 신장 수술을 했을 때도 그랬습니다. 아버지는 변하지 않았죠. 그렇게 25년이 흘렀습니다. 여전히 어머니만 술을 허락하면 행복할 거라고 하셨죠.

정말 상대방만 변하면 행복할까요? 연속적 갈등 속에서 자신은 변하지 않고 상대방만 변하면 모든 것이 해결된다면 우리는 더 많은 시간과 에너지를 상대의 행동을 교정하는 데 사용하지 않을까 싶습니다. 내 안의 에너지 용량이 확장되는 것은 상대를 교정하는 데 에너지를 쓸 때가 아니라 자신을 교정하는 데 사용할 때입니다. 제가 스스로에게 자주 하는 질문이자 에너지 용량을 확장하는 질문이 있습니다.

"당신은 이런 일이 또 일어난다면 어떻게 하시겠습니까?"

타인이나 외부 상황을 변화의 주체로 두지 않고 자신에게 초점을 맞춘 질문입니다.

우울증 검사를 하면서 거짓말을 하고 계신 아버지를 보았을 때 제 눈에서는 레이저가 나오기 시작했습니다. 한쪽 입꼬리가 올라갔고 경멸의 눈으로 아버지를 바라보았습니다. 아버지가 접수 창고에 가서 입원 절차에 대해 물으셨을 때 저도 모르게 큰 목소리로 대답했습니다.

"아버지! 거기 입원 수속 밟는 데 아니에요. 이쪽에 가만히 앉아 계시라고요!"

말에 온기라고는 찾아볼 수 없었습니다. 집에 와서 곰곰이 생각해 보았습니다.

'근하야, 너는 다음번에 아버지와 함께 병원에 간다면 어떻게 행동하고 싶어? 오늘과 똑같이 냉정한 태도로 아버지를 대해도 괜찮겠어?'

'나보고 어쩌라고! 아버지는 노력도 하지 않는데 왜 나만 노력해야 해? 당신이 변하지 않는 한 이렇게 대할 수밖에 없어!'라는 생각만 들더군요. 술에 대한 민감한 반응은 어렸을 적부터 가지고 있는 트라우마여서 혼잣말을 하는데도 화가 났습니다. 시간을 조금 더 두고 곱씹어보기로 했습니다. 화가 남아 있는 상태였거든요. 하루 이틀 좀 더 묵혀두었습니다. 좀 더 현명한 선택을 하기 위한 사유의 시간이라 생각했습니다.

3일쯤 지나서 제 자신에게 다시 질문했습니다. '사람들 많은 병원에서 아버지에게 큰 소리로 말하는 태도, 모르는 것을 물어보시는데 자세히 설명하지 않는 태도, 아버지를 째려보면서 마음속에 미움을 한가득 품고 대했던 태도는 과연 딸로서 괜찮은 행동이었을까?'

그렇지 않았습니다. 병원을 다녀온 후 내내 마음이 찜찜했거든요. (물론 갈등의 골이 깊은 관계에서는 며칠 사색의 시간을 두었다고 해서 마음이 가벼워지거나 반성하는 생각이 들지 않는 경우도 있습니다. 갈등 상황에 따라 반응 속도나 내용도 달라집니다.)

회복탄력성을 공부하면서 자극에 대한 반응도 선택할 수 있음을 알게 되었습니다. 정신과 의사인 빅터 프랭클(Viktor Frankl)은 아우슈비츠 수용소에서 2년 반 동안 생활하면서 자극에 관한 인간의 반응에 대해 관찰했습니다. 수용소에 갇힌 포로들에게 포로가 된 것은 동일한 자극이었습니다. 그러나 포로들은 각기 반응이 달랐습니다. 누군가는 삶을 포기하고 누워만 있었고, 세수도 면도도 하지 않는 사람, 난폭하게 다른 사람을 때리는 사람도 있었습니다. 빅터 프랭클은 유리 조각으로 면도를 하고 나눠 준 생수의 3분의 1을 가지고 세수를 하며 하루를 좀 더 의미 있게 보내고 싶어 했습니다. 그는《죽음의 수용소에서

(Man's Search for Meaning)》라는 책에서 자극과 반응에 대해 이렇게 말합니다.

"자극과 반응 사이에는 어떤 공간이 존재한다. 그 공간에 자신의 반응을 선택하는 우리의 힘이 존재한다. 우리의 반응에는 성장과 자유가 있다."

저 또한 자극에 대한 반응을 주도적으로 선택하는 힘을 키우고 싶었습니다. 불편한 자극에 즉각적으로 반응하지 않고 공간을 만들고 싶었죠. 그 공간이 제 마음이 숨 쉬는 공간이길 바랐고 성장과 자유를 느끼는 공간이길 원했습니다. 성장과 자유를 느끼게 하는 공간을 확보하기 위해 다음과 같이 질문합니다.

'다음번에 이와 같은 경험을 하게 된다면 당신은 어떻게 하고 싶은가요?'

저는 이에 대한 답으로 '부모님이 아프실 때는 마음에 위로가 되는 말을 해드리자. 병원 절차에 대해서 물어보실 때는 천천히 그리고 자세히 설명해드리자. 한 달에 한 번은 건강식으로 부모님과 식사를 하자'라고 기록했습니다.

Q. 최근에 격한 감정을 느낀 사건이 있나요?

....

....

Q. 그때 떠오른 생각이나 느낌은 무엇인가요?

....

....

Q. 그 일(자극)에 대한 당신의 반응은 무엇이었나요?

....

....

Q. 다음에도 그런 일이 벌어진다면 당신은 어떻게 행동하고 싶나요?

....

....

감정 일기에 관해 "너무 화가 날 때는 일기가 안 써져요"라는 이야기를 자주 듣습니다. 감정 근육을 키우기 위해 노력 중인데 상대에게 화를 분출하고 싶은 마음이 클수록 자신에 대해 실망스럽기도 하고 자신을 화나게 한 상대를 욕하고 싶어 글이 쓰기 싫다는 겁니다. 괜찮습니다. 너무 화가 났을 때는 쓰지 않는 것도 방법입니다. 제가 경험한 바로는 화가 난 상태에서 일기를 쓰면 상대를 비난하는 데 강한 에너지를 쓰게 되더군요. 화가 났을 때는 조금 시간을 가져보세요. 반대로 흥분되는 감정을 토닥인 후 글로 표현하면 긍정적인 계획을 세우는 데 도움이 됩니다.

남 탓, 상황 탓이 아니라 변화의 주체를 자신으로 바꿨을 때는 어떤 심적 변화가 있는지 관찰해보면 좋겠습니다.

숨이 턱까지 차오를 때
생기는 유연성

정서적 스트레스 강도를 높여라

작년 2월에 《몸이 답이다》의 저자 오세진 코치의 특강을 듣고 나서 자극을 받았습니다. 달리기를 시작했죠. 오세진 코치가 달리기로 건강한 몸을 만든 것을 보고 '이미 버린 몸'이 아닌 건강한 몸으로 다시 태어나고 싶었습니다. 특강 이후 일주일에 세 번, 짧게는 5킬로미터, 길게는 10킬로미터를 달렸습니다.

3월에 120킬로미터, 4월에 120킬로미터, 5월에 160킬로미터를 달렸습니다. 그리고 5월 19일, 처음으로 10킬로미터 마라톤에 도전했습니다. 기록은 56분 48초였습니다. 한 시간 안에 들어오는 것을 목표로 삼았기에 만족스러웠습니다. 그런데 그 이후 신기하게도 속도는 제자리걸음이거나 점점 느려졌고, 기록도 뒤로 밀려나기 시작했습니다. 연습할 때 심장이 아파오면 바로 쉬운 방법을 선택했습니다. 천천히 뛰거나 걷기로 바로 전환했죠. 기록은 좀처럼 단축되지 않았습니다. "여름이라 무더운 날씨에 뛰면 그럴 수 있어요"라고 오세진 코치가 말했지만 위로가 되지 않았죠.

오세진 코치는 구간을 끊어 전력 질주로 달리는 '인터벌 훈련'으로 강도를 높여야 실력이 늘 거라고 했습니다. 인터벌 훈련은 무조건 빨리 달린다기보다는 자신의 페이스에서 강도를 높이는 훈련입니다. 11월 손기정 마라톤 하프 코스 도전을 보름 정도 앞두고 같이 연습해보자고 제안하더군요. 혼자 달릴 때는 심장이 아프거나 다리가 아프면 속도를 조절하며 뛰었는데 그럴 수 없을 것 같아서 살짝 걱정이 되기도 했습니다. 일주일간 달리기 연습을 하지 않아서 더 긴장했죠.

역시 몸은 거짓말을 하지 않더군요. 숨이 턱까지 차오르자 헉헉거리며 거친 숨을 몰아쉬기 시작했습니다. 함께 달린 러닝메이트는 "근하야, 웬일이야? 네 거친 숨소리는 처음 들어봐"라며 놀랐습니다. 도중에 포기하고 싶은 고비가 두세 번 있었습니다. 4킬로미터쯤 뛰었을 때 턱은 하늘로 치솟고 다리는 한없이 팔자로 벌어졌습니다.

평소 언니 동생 하며 지내던 세진 코치가 말했습니다.

"언니 화났어요? 화난 거 아니죠? 턱 내리세요. 다리 붙이고! 다리 벌리면서 뛰지 마세요. 자세 흐트러지면 더 힘들어져요. 뒤로 처지면 더 힘들어요. 잘하고 있어요. 조금만 참아요. 자, 다 왔어요."

다 오지도 않았는데 다 왔다고 하니 정말 욕이 나올 뻔했습니다. 숨이 턱까지 차올랐습니다. 알고 보니 처음부터 1킬로미터당 4분 30초대 속도로 달렸더라고요. 후반부에만 5분대 속도로 맞췄다고 하더군요. 오랜만에 6킬로미터를 평상시보다 빠른 속도를 유지하며 달렸습니다. 연습이 끝난 후 심장이 단련이 되었을 거라는 세진 코치의 말에 뿌듯했습니다.

이틀 뒤 '정말 심장이 단련되었을까?' 하는 호기심에 혼자서 야간 달리기를 해보았습니다. 세상에나! 9.3킬로미터를 44분 만에 달렸습니다. 쉬지 않고 1킬로미터당 5분대를 유지하며 9킬로미터를 달리다니!

때로는 힘이 들어 멈춰 서고 싶은 순간이 오더라도 강도를 높여서 훈련해야 한다는 것을 느꼈습니다. 고강도 운동을 하고 나니 정말 심장이 탄탄해졌습니다. 맨 처음 뛰었던 작년 2월을 생각하면 심장이 몰라보게 달라졌죠. 러닝 머신에서 10분만 달려도 속이 울렁거려 멈출 때도 많았거든요. 우선 심장이 하나도 아프지 않았습니다. 폐활량이 좋아지고 심장이 좀 더 유연해졌다고 해야 할까요? 몹시 뿌듯한 밤이었습니다. 강도를 높인 전력 질주 연습을 하지 않았다면 계속 제자리걸음이었을 겁니다.

프로 선수들의 에너지 관리법에 대해 소개한 《몸과 영혼의 에너지 발전소(The Power of Full Engagement)》의 저자 짐 로허(Jim Loehr)는 이렇게 말합니다.

"프로 선수들의 에너지 관리법을 배워라. 스트레스는 성장의 열쇠다. 근육의 힘을 키우기 위해서는 체계적으로 근육에 스트레스를 주어서 평균 수준이 넘는 에너지를 소비시켜야 한다."

회복탄력성 훈련도 불충분한 근육을 체계적으로 생성하고 강화시킨다는 면에서 프로 선수들의 에너지 관리법과 닮아 있습니다. 회복탄력성의 네 가지 영역(신체적, 정서적, 정신적, 영성적 영역)에 대해 설명할 때 공통으로 들어가는 단어가 하나 있습니다. 바로 유연성(flexibility)입니다. 유연성은 어떻게 형성되는 걸까요? 다리 찢기를 한다고 생각해 봅시다. 유연성은 다리를 찢는 순간, 고통을 참고 견뎌낼 때 생깁니다.

정서적 영역에서 예를 들어볼게요. 자기 뜻대로 되지 않으면 화를 잘 내는 사람들이 있습니다. 감정 조절이 안 된다는 말입니다. 자신의 화를 조절하고 타인과 대화를 시도하는 것은 자기 조율이 안 되는 사람에게는 너무나 고통스러운 일입니다. 차라리 막 내지르는 것이 속 편한 방법인지도 모릅니다. 회복탄력성 훈련을 할 때 저도 다르지 않았습니다. 화가 나는 상황에서 심호흡을 하거나 감사한 일을 떠올리거나 질문으로 그 문제를 성찰하는 것은 평상시 습관을 역행하는 고통스러운 작업이었습니다. '딸이 말을 안 들어 화가 나는데 이 순간에 혼을 내지 않고 심호흡을 하라고? 일이 잘 안 돼서 속이 뒤집어질 것 같은데 감사한 일을 떠올리라고? 말이 돼?'라는 생각이 들었죠.

습관처럼 부정적 정서를 달고 살았던 저는 자기 조율을 하며 회복탄력성을 키우는 일이 쉽지 않았습니다. 오세진 코치와 함께 한 심장 강화 훈련이 떠올랐습니다. 인터벌 훈련은 평상시 달리기 속도보다 빠른 속도로 달리기 연습을 하며 고통을 이겨내야 합니다. 심장 강화 훈련을 하고 나면 평상시 뛰던 속도에서 조금 빨리 뛰어도 심장이 편안함을 느낍니다. 감정 조절도 마찬가지입니다. 도저히 감정을 조절할 수 없을 것 같은 상황에서 감정을 조절하면 정서적 유연성이 생깁니다.

한번은 딸이 토요일 오전에 큰 소리로 말했습니다.

"엄마! 엄마가 학원 선생님한테 문자 했어? 오늘 왜 수업 없냐고?"

"어. 금요일에 수업이 없었잖아. 그래서 토요일인 오늘 보충 있는 거냐고 궁금해서 선생님께 문자로 여쭤봤지."

"내가 몇 번을 말해! 지난번에 말했잖아. 수업은 매달 28일에 종료되고 이번 주 토요일 보충은 다음 주 주중에 한다고!"

"그래? 엄마는 지난번만 그런 줄 알았지."

"말이 되는 소리를 해야지. 내가 몇 번이나 말했잖아. 나 토요일이라 자고 있는데 선생님도 전화하고 아빠도 아침에 학원 안 가냐고 큰소리치고!"

이 말을 듣는 순간, 평소 같으면 "엄마한테 하는 말버릇이 그게 뭐냐! 말이 되는 소리? 그게 어른한테 할 소리냐! 그리고 기억 못 할 수도 있지. 그게 왜 말이 안 돼!"라고 소리쳤을 겁니다. 아침부터 에너지 고갈이 '-70'은 되는 것 같더라고요.

정서적 유연성을 발휘한 대화를 나누고 싶었습니다. 대화 게임을 한다는 느낌으로 대화를 시도해보았습니다. 우선 심호흡을 했습니다.(심장 호흡 +10점) 심호흡을 하면서 잠시 딸의 얼굴을 바라보았습니다. 심장이 몹시 뛰고 있는 저를 발견했죠.(알아차림 +10점) 딸의 큰 목소리에 당황했거든요. '당황했구나. 이 녀석의 말투가 버르장머리 없다는 생각하고 있구나.'(자기공감 +10점) "스읍 후우우" 하고 크게 심호흡을 하고 나니 심장이 조금 차분해지는 느낌이었어요.(심장 호흡 +10점)

'이 순간 나는 딸과 연결되길 원하는 걸까?' 스스로에게 질문했습니다.(자기 속 대화 +10점)

연결을 원한다면 어떤 대화를 나눠야 할까?(질문 탐색 +10점)

심호흡을 한 후에 잠시 10초 정도 딸의 자극에 대해 작은 마음의 공간을 허락했습니다.

'화를 내는 딸이 원하는 것이 뭘까? 무엇 때문에 저토록 큰 소리로 화를 내는 걸까?'라고 생각했습니다.(자극과 반응 사이에 공간 만들기 +10점)

차분해지는 느낌이 들었어요. 심장이 규칙적으로 뛰고 있었거든요. 자기 진정 후 대화를 시도했습니다.

"아하! 그런 거야? 엄마가 잘못 알았구나. 기억 못 하고 있었던 건 엄마가 잘못했네.(에너지 충전 대화법-방어 대신 약간 인정 성공!) 토요일에 더 자고 싶고 쉬고 싶었는데 엄마는 계속 몰랐다고 하고 아침부터 학원 선생님은 확인 전화 하고 아빠는 아침에 자고 있는데 깨워서 큰 소리로 학원 가라고 하니까 짜증 났어? 다음번엔 네 스케줄을 잘 기록해놔야겠다. 모르면 학원 선생님께 물어보기 전에 너에게 직접 물어보고 아빠한테도 꼭 전달해놓을게. 그럼 되겠어?"(딸이 원하는 바를 그대로 표현해줌)

"어? 어…"

딸의 목소리가 바로 차분하게 가라앉더라고요. 신기했습니다. 고통을 이겨내고 나니 이와 비슷한 경험을 하면 좀 더 유연하게 대화를 나눌 수 있겠다는 자신감이 생겼습니다. 저도 매번 성공하는 것은 아닙니다. 지속적으로 근력 운동을 해야 근력이 유지되는 것처럼 꾸준히 실천하는 중입니다.

프로 선수들의 에너지 관리법처럼 강도를 높여서 정서 훈련을 해보면 어떨까요?

에너지 충전 **정서적 스트레스 강도를 높여라**

Q. 최근에 정서적 자극을 받았던 혹은 주었던 경험이 있나요?
(비난을 받았을 때, 언성을 높였을 때, 약속을 지키지 않았을 때 등)

_____

_____

_____

_____

Q. 에너지 충전법을 활용해서 유연성을 발휘한 경험을 기록해봅시다.
(심장 호흡, 감사한 일 떠올리기, 에너지 충전 대화법–구체적 요청, 약간 인정, 호감과
존중의 표현, 자기 공감 등)

최악의 상황을
떠올려보자

긍정 정서 끌어 올리는 공식 '당.최.다'

남편과 함께 친구의 50세 생일을 축하해주러 멕시코로 갔던 셰릴 샌드 버그는 낮잠을 한숨 자고는 헬스장에서 남편을 발견했습니다. 남편의 왼쪽 얼굴에는 약간 푸른빛이 돌고 머리 밑에는 피가 고여 있었습니다. 이것이 남편 데이브의 마지막 모습이 되었습니다.

위의 이야기는 《옵션 B》의 저자 셰릴 샌드버그의 실제 이야기입니다. 그녀는 "나 졸려요"가 남편에게 건넨 마지막 말이 되리라고는 상상 하지 못했습니다. 삶은 가끔 우리가 상상해보지 못한 일들을 선사하곤 합니다. 죽음처럼 비극적인 경험을 하기도 하고, 견고해 보였던 관계가 유리 조각처럼 깨지기도 하고, 꿈을 이루지 못해 실망스러운 경험을 하기도 합니다. 계획에 없던 일이 내 삶에 훅 들어왔을 때 고통은 당연한 옵션처럼 느껴집니다. 고통은 누군가에게는 성장의 에너지가 되기도 하지만 누군가에게는 방전의 에너지가 되기도 합니다.

이때 우리는 어떻게 에너지를 높일까요? 저는 1장에서 고백했듯이 계획에 없던 일들이 생기면 습관적으로 '하필이면 왜 나한테 이런 일이 일어나는 거야? 나는 뭘 해도 안 되는 거야? 뭐가 이렇게 잘 안 풀리는 거야?'라면서 부정적인 생각을 자주 했었습니다. 셰릴 샌드버그도 남편이 죽자 "나 때문에 죽은 거야. 아이들도 우울해질 거야. 우리 가족은 영원히 행복할 수 없어"라고 말했죠.

그런가 하면 아버지와의 관계 때문에 힘들어하는 사람도 있습니다. 열정적으로 학생들의 취업 지도를 하고 계신 고등학교 취업지도부장 J 선생님은 이렇게 말했습니다.

"아버지는 명문대를 나오지 않으면 사람으로 취급하지 않았어요. 학교 외에 대문 밖에 나가는 것 자체를 허락하지 않으셨고, 친구들은 인생에 도움이 되지 않는다며 친구도 못 사귀게 했어요. 아버지가 집에 들어오시면 가족 모두가 무릎을 꿇고 인사를 해야 했고 잠드실 때까지 그렇게 있을 때도 있었어요. 아버지가 너무 싫어서 '죽어버릴까'라는 생각도 했었죠."

저와 J 선생님 그리고 셰릴 샌드버그의 공통점은 계획에 없는 삶을 맞이했을 때 회복을 방해하는 3P(개별성, 침투성, 영속성)를 가지고 있었다는 것입니다. 우리들의 공통점은 여기서 끝나지 않습니다. 남편 데이브의 장례식에서 데이브의 친구이자 심리학자인 애덤 그랜트는 그녀에게 이렇게 상상해보자고 제안했습니다. "데이브가 관상동맥질환으로 인한 심장 부정맥으로 헬스장에서 죽지 않고 아이들을 차에 태우고 운전을 하다가 죽었다고 생각해봐요."

이 말에 그녀는 가족 셋을 한꺼번에 잃을 수도 있었다는 생각은 여태껏 한 번도 해본 적이 없었다며 아이들이 여전히 건강하게 살아 있음을 온몸으로 감사하게 여겼습니다.

다시 J 선생님의 이야기로 넘어가보죠. 근속 연수 20년 동안 반 아이들을 모두 취업시키기도 하고 아이들 모두에게 응원 편지를 쓰기도 했던 그녀가 아버지에게 하대를 받으며 자랐을 거라고는 상상하지 못했습니다. 저는 너무 궁금해서 그녀에게 물었습니다.

"아버지에게 받은 사랑이 없다고 하셨는데 어떻게 아이들에게는 사랑의 응원 편지를 써주면서 지도할 수가 있죠? 반 아이들 모두에게 편지를 써준 선생님은 처음 봬요. 선생님은 어디서 그런 에너지가 솟아나요?"

그녀가 자신의 과거를 떠올리며 천천히 입을 열었습니다.

"강압적인 아버지로부터 벗어나는 길은 유학이라고 생각했습니다. 유학 준비가 한창이었을 때 안타깝게도 아버지가 하시던 사업이 망했습니다. 유학을 포기해야 했죠. 어쩔 수 없이 3개월만 기간제 교사로 일하려고 마음먹었던 학교에서 20년을 근무하게 되었습니다. 절망감에 빠져 억지로 학교로 출근하던 어느 날이었습니다. 반 학생들 중에는 아버지가 열한 번이나 바뀐 아이, 엄마가 아파서 병간호하면서 공부하는 아이, 쌀이 없어 3일 동안 밥을 못 먹은 아이 등 저보다 더 열악한 환경에서도 열심히 살고 있는 학생들이 있었습니다. 그런데도 아이들이 선생의 말을 하나라도 더 들으려고 눈을 초롱초롱하게 뜨고 수업에 집중하는 모습을 보고 놀랐습니다. '나는 집도 있고 부모님도 계시고 따뜻한 밥도 먹을 수 있는데 뭐가 그리 불만이었을까? 이 아이들은 나보다 가진 것이 없어도 이리 해맑게 하루하루를 열심히 살아가고 있는데.' 이런 생각이 들면서 크게 반성하게 되었습니다."

최악의 상황을 떠올리거나 누군가의 열악한 삶을 보았을 때 우리는 자신이 가진 것들이 얼마나 감사한 것인지 알게 됩니다. 하루는 딸아이에게 학교에서 피구를 하다가 왼쪽 다리를 삐었다는 전화를 받았습니다. "야! 또 삐었어? 왜 이렇게 조심성이 없어!"라는 말로 차갑게 대했습니다. 1년에 대여섯 번은 삐어서 왔으니까요. 마음속으로 '학원 안 가려고 일부러 삐었다고 하는 거 아니야?' 하고 제멋대로 단정하기도 했습니다. 순간 이웃의 아들이 농구를 하다가 손가락이 부러져서 깁스를 했던 일이 떠올랐습니다. "매일매일 머리를 감겨주는 게 보통 힘든 일이 아니더라고요"라고 말했던 이웃집 엄마. 딸의 상황에서 최악의 상황을 떠올려보니 '뼈가 부러진 게 아니어서 다행이다'라는 반응으로 연결되었습니다. 일을 할 때는 '프로젝트 하나를 망쳤다. 정말 되는 일이 하나도 없다'가 아니라 '내일 2차 프로젝트는 오늘 것을 보완할 수 있는 기회가 생겨 다행이다'라고 반응하게 되었습니다.

한번은 남편이 베트남으로 10일간 출장을 가는데 킨텍스 쪽 인천공항 버스 정류장까지만 태워달라고 하더군요. 공항버스 정류장에서 캐리어를 내려주고 집으로 돌아왔는데 남편에게 전화가 왔습니다. 여권이 든 가방을 놓고 내렸다고요. 그 순간 짜증이 났습니다. '정신 줄을 어디다 둔 거야! 여권 가방을 안 가지고 내리면 어떡해!'라고 말하고 싶었지만 참았습니다. 남편이 다음과 같이 말하는 순간, 다행스러움과 감사함으로 마음이 순식간에 전환되었거든요.

"자기야, 내가 공항버스를 타기 전에 발견 못 했으면 자기가 인천공항까지 와야 했다고. 버스 타기 전에 발견해서 다행이지 않아?"

그 순간 저는 무엇이 다행인지 모르겠다는 표정을 지었습니다. 버스 정류장까지 가는 것도 정말 귀찮았거든요. 하지만 인천공항까지 가는 최악의 상황을 상상하니 남편에게 "인천공항까지 안 가게 해줘서 고맙네. 고마워"라고 말하며 기분 좋게 배웅해줄 수 있었습니다.

회복탄력성 강의를 들었던 수강생들과 함께 하루 일과를 마치고 다행스러운 일들을 단톡방에 공유했었는데요. 그 내용을 소개해보겠습니다.

'우산을 안 가져왔는데 집에 갈 때 비가 많이 오지 않아 다행이다.'
'다쳐서 병원에 갔는데 병원비가 많이 나오지 않아 다행이다.'
'길을 헤맸는데 강의 시간에 늦지 않게 도착해서 다행이다.'
'속상한 일이 있었는데 털어놓을 수 있는 친구가 있어서 다행이다.'
수강생들은 '우산을 안 가져와서 짜증 난다', '다쳐서 속상하다', '길을 헤매서 힘이 빠진다', '속상한 일이 있어서 기운이 없다'고 표현하는 방식이 습관적 반응이었다고 했습니다. 속상하거나 짜증 나는 일을 다행스러운 일로 해석하려면 관점의 전환이 필요합니다. 어떻게 관점을 전환할까요?

"남편이 돈 벌어다 주는 건 당연하지!", "부인이 밥하는 건 당연하지!", "맞벌이하면서 아이 키우는 게 뭐가 힘들다고 그래! 다들 그렇게 살아!"라고 말하는 상대가 있다고 생각해보세요. 얼마나 김빠집니까? 당연시하는 마음은 상대에게 우울함이라는 부정적 에너지를 가져다줍니다. '당연'을 '다행이다'로 해석하려면 긍정적 에너지가 필요합니다. 하지만 부정적 에너지를 긍정적 에너지로 전환하는 스위치는 그리 쉽게 작동되지 않습니다. 저는 그랬습니다. 그래서 심리학자 애덤 그랜트의 의도적으로 최악의 상황을 떠올려보라는 제안이 꽤나 도움이 되었습니다. 그가 제안한 긍정 정서를 끌어 올리는 훈련을 공식으로 표현해보았습니다. '당.최.다'

'당연한 상황 → 최악의 상황으로 상상하기 → 다시 현실의 상황을 바라보며 다행인 상황으로 전환하기'

'남편이 돈을 몇 달째 못 번다'고 상상해보세요. '남편이 매달 월급을 받아서 다행이다'라고 하지 않을까요? '부인이 아파서 밥을 할 수 없다'고 생각해보세요. '저녁상을 차려주는 부인이 있어 다행이다'라는 표현을 넘어 '감사하다'는 표현이 절로 나오지 않을까요? 혼자 돈 버는 것도 힘든데 아이들을 돌볼 사람이 없다고 생각해보세요. 함께 아이를 돌봐주는 부인이 있다는 게 얼마나 든든하고 다행인 일입니까? 아마도 지금 눈앞에 펼쳐진 당연한 일들이 '당연한 것이 아니구나. 다행이고 감사한 일이구나' 하고 느껴질 겁니다.

제게는 최악의 상황을 상상하는 것이 관점을 전환하는 데 꽤 도움이 되었습니다. 훈련을 하다 보니 모든 순간에 다행과 감사가 교차하는 느낌도 들었습니다. 딸이 있어 다행이다. 비록 몸과 마음이 피곤했지만 위로해주는 딸이 있어 다행이고 감사하다. 친구가 있어 다행이다. 힘들 때마다 위로해주고 걱정해주고 전화해주는 친구가 있어 다행이고 감사하다. 버스를 놓쳤는데 바로 버스가 와서 다행이다. 이런 식으로 말이죠.

지속적으로 '다행 훈련'을 하는 이유는 어쩌면 상상이 아닌 현실 속 상실을 맞이했을 때 비축해놓은 에너지로 흔들리지 않고 살아갈 힘을 얻기 위해서가 아닐까 싶습니다. 다시 말하면 우산도 없는데 비를 억수로 맞은 날, 다친 것도 속상한데 병원비까지 많이 나온 날, 길을 헤매서 결국엔 중요한 미팅 약속에 늦은 날, 속상한데 내 이야기를 들어줄 친구가 없는 날들을 직면했을 때 부정적 감정에 매몰되지 않고 또 다른 다행스러움을 찾는 힘 말입니다. 당신은 일상에서 무엇을 다행스럽게 느끼나요? 함께 연습해봅시다.

긍정 정서 끌어 올리는 공식 '당.최.다'

1. 당연한 일상을 적어봅시다.

   예) 딸이 학교에 갔다.

   남편이 아침을 먹고 갔다.

   연습

   ....

2. 당연한 일상을 최악의 시나리오로 변경해서 적어봅시다.

   예) 딸이 아파서 한 달째 학교에 못 갔다.

   남편이 일이 많아 아침밥도 못 먹고 회사에 갔다.

   연습

   ....

3. 다시 당연한 일상에 '다행이다'라는 표현을 붙여서 적어보세요.

   예) 딸이 학교에 갈 수 있어 다행이다.

   남편이 아침을 먹을 시간이 있어 다행이다.

   연습

   ....

간분실 덕분에
남편을 위로하다

흔들리지 않는 삶: 영적 에너지

2019년 1월부터 3월까지 〈왜 그래 풍상 씨〉라는 드라마가 한창 인기를 끌었습니다. 풍상 씨의 아내 역을 맡았던 신동미 배우는 긴 세월 동안 무명 배우로 살았습니다. 그녀의 소원은 번호 없는 배우가 되는 것이었습니다. 친구 1, 이웃집 여자 2, 직장 동료 3 등 이름 없이 역할 뒤에 숫자가 붙는 배우 말고 이름 석 자가 있는 역할이었으면 좋겠다고 말이죠.

그랬던 그녀에게 주연급 역할이 들어왔습니다. 바로 〈왜 그래 풍상 씨〉의 풍상 씨의 배우자 간분실 역이었습니다. 그녀는 이제까지 커리어 우먼이나 당찬 '차도녀' 역할만 주로 해왔던 터라 삶의 무게를 온몸으로 느끼며 살아가는 억척스러운 배우자 간분실 역할은 말 그대로 모험이었습니다. 그 당시 자존감이 바닥을 치고 있던 상태라 그녀는 몹시 두려웠습니다. 거절할까 고민하다가 억지로 그 역할을 시작했습니다. 극이 끝나갈 무렵 어느 장면을 네 문장으로 표현한 대본을 받았습니다.

(노인 분장을 한) 풍상 씨와 간분실은 마주 본다.

(노인 분장을 하고) 서로 마주 보며 픽 웃는다.

얼굴을 어루만진다.

얼굴을 어루만지다 운다.

그녀는 이 장면을 큐 사인이 들어가기 전에 상상해보았습니다.

'남편의 노인 분장을 보고 웃다가 울 수 있을까?'

상상만으로는 이 장면을 표현하기가 어려울 것 같았습니다. 그런데 이게 웬일입니까? 그녀는 이 대본을 완벽하게 표현해냈습니다. 정말 노인 분장을 한 풍상 씨를 보며 웃다가 얼굴을 어루만지며 풍상 씨를 위로했고 눈물을 펑펑 흘렸습니다. 그것도 너무나 자연스럽게 말입니다.

그날 그녀는 온라인의 드라마 게시판에서 시청자들의 수많은 피드백을 받았습니다. 그중에 그녀의 마음을 찡하게 만든 댓글 하나가 있었습니다. "저는 한 번도 남편을 위로해준 적이 없습니다. 그런데 드라마를 보고 나서 힘들게 자고 있는 남편을 안아주었어요"라는 댓글이었습니다.

그녀는 엑스트라와 조연을 수없이 하면서 '나는 누구인가? 나는 왜 단역만 하는가? 나는 왜 주인공이 아닌가?'를 묻고 또 물으며 주인공 한 번 못 하는 자신을 부끄러워하며 살았는데, 이 댓글 하나로 왜 연기를 해야 하는지 답을 찾았습니다.

'그래! 나는 사람들을 위로하기 위해서 연기를 하는 거야.'

어떤 역할이든 사람들을 위로할 수 있다면 '왜 단역이지? 왜 주인공이 아니지?' 이런 질문 따위는 문제 되지 않는다는 생각이 들었다고 했습니다.

신동미 배우는 게시판 댓글을 통해 자신의 가치에 대해 인식했습니다. 자신의 존재 가치를 알아주는 것은 엄청난 에너지를 줍니다. 이러한 에너지를 영적 에너지라고 합니다. 가치, 소명, 비전 등은 살아갈 힘을 주는 영적 에너지입니다. 영적 에너지는 동기를 부여하고 인내력을 갖게 하며 무엇보다 방향을 설정하는 데 가장 효과적인 힘을 발휘합니다(영적이라는 말이 종교적인 의미는 아닙니다).

저는 4년간 감정 코칭과 스토리텔링에 대해서 무료 상담을 했었습니다. 강의가 없는 날이면 상담 일정을 정하고 SNS에 일정을 공개했죠. 1년에 100여 명 정도 상담을 했습니다. 상담을 한 이유는 알고 있는 지식과 경험을 좀 더 많은 사람들과 나누고 싶었기 때문입니다. 그런데 시간이 지나면서 '상담을 하면 뭐 해. 아무도 알아주지 않는데 무슨 소용이 있어?'라는 생각이 들었습니다. 무료 상담의 열정은 물거품처럼 사라졌죠.

생각이 많았던 2017년, 머리도 식힐 겸 《나미야 잡화점의 기적》이라는 소설책 한 권을 꺼내 읽었습니다. 소설에는 사람들의 고민이 담긴 편지를 읽고 정성스럽게 답장을 써주는 좀도둑 이야기가 나옵니다. 가장 기억에 남는 편지는 생선 가게 예술가 님(가쓰로)에게 보낸 편지였습니다.

가쓰로는 아버지의 대를 이어 생선 가게를 맡을지 자신이 좋아하는 음악가의 길을 갈지 고민하며 편지를 보냈습니다. 이 편지에 대한 답장을 소개해보죠.

"당신의 노래에 구원을 받는 사람이 있어요. 그리고 당신이 만들어낸 음악은 틀림없이 오래오래 남습니다. 마지막까지 꼭 그걸 믿어주세요. 마지막 순간까지 믿어야 합니다."

가쓰로는 이 편지를 받고 "내 노래로 구원을 받을 사람이 있다고? 정말? 마지막 순간까지 믿으라고?" 하며 편지를 받고도 믿기지 않는다는 듯 편지 내용을 곱씹었습니다. 결국 그는 자신에 대한 믿음과 편지의 응원에 힘입어 가수가 됩니다.

"마지막까지 꼭 그걸 믿어주세요"라는 말을 반복해 읽었습니다. 자신에 대한 믿음과 누군가의 지지가 한 사람의 인생에 얼마나 중요한지 생각하면서 말이죠.

책을 덮으며 누군가를 끝까지 믿어주고 응원해줬던 상담의 추억들이 떠올랐습니다. 블로그에 그 단상을 올려보았죠. "상담을 해드렸던 많은 분들 잘 살고 계시죠? 문득 여러분들이 생각나는 밤입니다"라고

에너지 확장

말입니다. 포스팅 아래 비밀 댓글로 글을 남긴 이웃이 있었습니다.

"강사님 안녕하세요. 조선대 ○○○입니다. 강사님께서 그때 스토리가 있는 자기소개서 강의가 끝나고 메일로 무료 코칭을 네 번이나 해주셨던 기억이 납니다. 공대 출신이라 자기소개서로 저 자신을 PR 하는 것이 너무 힘들었는데 그때 도와주셔서 감사했어요. 지금은 대기업에 취직해서 잘 지내고 있어요. 정말 감사하다는 말씀을 드리고 싶어요. 매번 마음만 갖고 있다가 용기 내서 소식 전해봅니다."

한동안 관리하지 않았던 블로그의 안부 글들을 보니 몇 년 전에 올라왔던 감사의 글들이 눈에 띄었습니다.

"오늘 세일즈 스토리 딜링 강의를 들은 ○○○입니다. 20년 넘게 회사만 다닌 제게 이번 강의는 새로운 인생을 살아갈 계기가 되었습니다. 잘 헤아려 들어주고 공감해주고 진실하게 말을 건네야 상대방도 들을 귀가 열리고 신뢰가 쌓이는 것이겠죠. 고정관념을 깰 수 있도록 해주셔서 감사합니다."

안부 댓글을 하나씩 읽어보면서 제가 왜 강의와 상담을 해왔는지 다시 한번 깨달았습니다. '지식, 열정, 나눔을 통해 개인과 기업의 성장을 돕기 위해 존재합니다'라는 저의 사명을 생각하니 다시 마음이 뜨거워졌습니다.

문득 개인과 기업의 성장을 돕기 위해 존재한다는 사명이 있으면서도 흔들리는 저 자신을 보면서 궁금해졌습니다. 답답했습니다.

'왜 이렇게 사명이 있으면서도 자꾸 흔들리는 걸까?'

'왜 남과 비교하면서 에너지를 소진하는 걸까?'

'살면서 흔들리지 않고 가치 있게 살 수 있는 방법은 없을까?'

저처럼 흔들리는 영혼에게 《몸과 영혼의 에너지 발전소》의 저자 짐 로허는 이렇게 조언합니다.

"가치 있는 삶을 살기 위해서는 용기와 확신이 필요합니다. 용기와 확신을 가질 때, 개인적으로 곤경을 치른다 해도 내면에서 우러나오는 가치에 따라 살 수 있습니다."

사명을 가지고 가치 있게 살더라도 흔들릴 때가 많았기에 해답을 구하고 싶은 마음에 문장 하나하나를 곱씹으며 음미해보았습니다. 가치 있는 삶을 위해 필요하다는 용기와 확신은 어떤 의미일까요?

먼저 용기를 살펴보겠습니다. '씩씩하고 굳센 기운, 또는 사물을 겁내지 아니하는 기개'라는 의미의 용기. 씩씩하고 굳센 기운을 타고난 사람들이 있습니다. 하지만 타고난 것이 아니라면 자신에 대한 믿음이 확고하거나 공동체를 생각하는 마음이 클수록 용기를 자주 접하게 됩니다. 겁나는 상황에서는 먼저 자신을 믿고 나아가는 기개가 필요하겠죠. '차도녀' 역할만 맡던 신동미 배우는 간분실이라는 억척스러운 역할에 캐스팅되었을 때 수락하기 쉽지 않았습니다. 이름 대신 번호로 불리는 배우로서 자존감이 낮은 상태라 두려웠다고 했습니다. 그럼에도 불구하고 그녀는 두 눈 질끈 감고 간분실 역을 수락했습니다.

저의 경우에도 강의 기회가 많지 않아 우울한데 돈도 되지 않으면서 시간과 노력을 투자해야 하는 무료 상담은 말 그대로 용기였습니다. 공개 강의를 열면 몇 명이나 올까 하는 두려움도 매 순간 있었습니다. 그럼에도 불구하고 공개 강의를 열었습니다. 어떻게 이런 용기를 낼 수 있었을까 생각해보았습니다. '배운 것을 도움되는 분들에게 나누고 싶다'는 저의 열정을 믿었기 때문입니다.

가치 있는 삶을 위한 두 번째 요소, 확신은 어떤 의미일까요? 확신은 '굳게 믿는다'는 뜻입니다. 일시적인 행동으로 구축된다기보다 어떤 행동을 지속적으로 할 때 생기는 믿음입니다. 〈왜 그래 풍상 씨〉는 40회로 막을 내렸습니다. 고군분투했던 40회 동안의 간분실 연기에 누군가는 남편을 위로하는 첫 경험을 하게 되었고 그녀에게 감사의 인사를 건넸습니다. 그녀는 비로소 자신을 확고히 믿게 되었습니다.

내가 하는 일이 누군가에게 가치 있는 도움이 되었다는 신호를 받으면 확신은 더욱 견고해집니다. 그런 의미에서 용기와 확신은 서로 밀접하게 연결되어 있습니다. 돌이켜보니 제가 사명이 있음에도 흔들렸던 것은 26회까지 했던 공개 강의를 멈추고 '아무에게도 도움이 되지 않는 것 같아'라며 동굴로 숨어버린 이후부터였습니다. 용기(도전)의 횟수가 적어지면서 저에 대한 확신도 흔들린 거죠.

흔들리지 않는 삶을 사는 방법은 자신에 대한 믿음을 갖고 하고 싶은 일에 지속적으로 용기 내어 도전하는 것입니다. 도전한 일이 타인의 삶에 도움이 되었다고 느껴질 때 자기 확신은 선물처럼 찾아옵니다. 용기의 횟수와 나눔의 대상이 늘어날수록 가치에 대한 영적 에너지는 확장됩니다.

영적 에너지가 높아지는 순간은 자신을 돌보는 일과 다른 이들에게 도움을 주는 일의 균형을 이룰 때입니다. 자신을 돌보는 일은 영적 에너지 측면에서 보면, 자신이 정한 가치에 대한 꾸준한 약속 이행입니다. 그 약속 이행이 개인적 이익을 넘어서 사회적 공헌에도 긍정적인 영향을 준다면 당신의 에너지 지수는 지속적으로 높아질 것입니다.

Q. 가치있는 일을 하기 위한 용기 있는 행동은 무엇인가요?

....

....

....

Q. 그 용기는 누구의 삶에 도움이 될까요?

....

....

....

볼수록 빠져드는
크로아티아산 날파리

시각적 닻 내리기

친구와 같이 크로아티아로 7박 8일간 여행을 간 적이 있습니다. 드브로니크 근처 국립공원에 있는 케이블카를 타기로 한 날이었죠. 아침 6시에 이른 조식을 먹고 7시에 출발해서 국립공원에 도착했습니다. 도착하자마자 우리를 반겨준 것은 '케이블카 운영을 하지 않습니다'라는 안내 문구였습니다. 공사 중인데 가이드가 제대로 확인하지 못한 상황이었죠.

몇몇 일행은 한국에 돌아가서 여행사에 불만 사항을 접수해야겠다고 했습니다. 시간이 지나 여행 마지막 날이 되었을 때 일행 중 몇 명은 가이드의 실수를 용서하기로 했다고 하더군요. 이유는 풍경이 주는 좋은 에너지 때문이라고 했습니다. 저도 불만 사항만 이야기할 때의 감정과 비교하면 크로아티아의 석양을 본 후에 감정이 사뭇 다르게 전환되었음을 느낄 수 있었습니다. 불편한 감정이 중화되는 듯한 느낌이라고 해야 할까요?

불편한 감정이 밀려올 때 좋은 풍경은 우리에게 긍정적 에너지를 선사하곤 합니다. 옛 추억을 떠올리게 하는 사진도 그렇죠. 사진 한 장이 마음을 위로하거나 기쁨을 주기도 하잖아요.

친구와 저는 숙소 근처의 해변에서 석양을 바라보며 사진을 찍었습니다. 공중 부양 사진을 찍고 싶었죠. 한 시간 동안 50번 넘게 점프를 한 뒤에야 만족스러운 점프 샷을 얻었습니다. 그 사진을 회복탄력성 강의 중에 수강생들에게 보여줬더니 "크로아티아산 날파리 사진 같은데요?"라고 표현하는 수강생도 있었습니다. 바로 아래 사진입니다.

크로아티아 숙소 인근에서 석양을 바라보며 찍은 공중 부양 사진

누군가에게는 날파리 같아 보이는 이 사진이 한동안 제게는 피로 회복제였습니다. 한국에 돌아와서 피곤하거나 일이 잘 풀리지 않는 날, 이 사진을 보면 저도 모르게 웃음이 났습니다. 점프 샷을 찍었던 날의 감정들이 모두 떠올랐거든요.

크로아티아에서 공중 부양 사진을 찍고 밤새 끙끙 앓았습니다. 어깨와 등이 너무 아팠거든요.

"친구야, 나 왜 담 걸린 사람처럼 어깨가 아픈 거냐? 목은 또 왜 부은 걸까?"라고 한밤중에 친구에게 물었습니다.

"마흔다섯 된 아줌마 둘이서 한 시간 동안 인생 샷 찍겠다고 50번은 넘게 뛰었으니 안 아프겠냐? 목이 아픈 건 웃느라 그런 거 같은데? 연속 촬영 하고 모니터링하면서 베스트 샷 뽑다가 날파리같이 나온 사진 보면서 까르르까르르 웃다가 목이 쉰 거 아냐?"

"그거네. 맞네! 맞아!"

우리는 아픈 이유를 이야기하며 밤새 또 웃었습니다. 보기만 해도 기분이 좋아지는 사진이었죠.

수강생들에게 "어떤 사진을 보면 힘이 나세요?"라고 물어보면 아들 사진, 딸 사진, 돌 갓 지난 아기 사진, 가족들과 함께 간 여행 사진, (어르신들의 경우) 손주 사진이라고 하더군요. 과학적으로도 에너지가 방전되는 순간 마음이 편안해지는 사진을 보는 것은 평정심을 유지하는 데 도움이 됩니다.

포구에 배를 세웠다고 가정해봅시다. 폭풍우가 몰아치는 상황에서 배를 포구에 세워놓으면 파도에 휩쓸려 떠내려갑니다. 감정도 그렇습니다. 폭풍이 몰아치듯 감정의 홍수 상태가 되면 심호흡만으로는 감정을 가라앉히기가 쉽지 않습니다. 자꾸 불쾌한 감정들이 떠오르죠. 이때 배가 파도에 휩쓸려 가지 않도록 하기 위해 어부는 닻을 내립니다.

평정심을 유지하는 방법도 같습니다. 감정이 흔들릴 때 심호흡을 하는 것은 배를 일시적으로 세워놓는 역할입니다. 이때 감정의 흔들림을 평정심으로 이끌어주는 닻의 종류가 세 가지 있습니다. 시각적 닻(사진), 청각적 닻(음악), 촉각적 닻(포옹, 반려견의 부드러운 촉감 등)입니다.

세 가지 중에서 시각적 닻에 대해 이야기해보려고 합니다. 어떤 분들은 감정의 홍수 상태일 때 '사진을 보면 평정심이 생긴다고?'라고 반문하실지도 모르겠습니다. 시각적 닻 내리기(visual anchoring)에 도움이 되는 사진은 평온한 상태에서 보는 풍경 사진과는 차이점이 있습니다. 흔들리는 감정에 평온함을 주는 사진은 자신과 아무 연관성(맥락)이 없는 사진을 의미하는 것이 아닙니다. 평정심을 유지하는 데 도움이 되는 사진을 고르는 세 가지 기준이 있습니다. 감정, 스토리, 온도입니다.

사진을 찍었던 날의 감정, 사진을 찍으며 겪었던 에피소드(스토리), 스토리를 연상하면 느껴지는 사진의 온기가 있다면 평정심을 유지하는 데 도움이 되는 사진입니다. 이 세 가지를 모두 포함하고 있는 사진 두 장을 더 소개하겠습니다.

마커스 소풍 때 '행복한 순간 사진으로 남기기' 미션으로 찍은 사진

이 사진은 제가 운영하는 마커스 독서 모임 소풍 때 찍은 회원들 사진입니다.

"어른이 되어서 떠나는 소풍은 난생처음이야. 간밤에 어찌나 설레던지 새벽 내내 한 시간마다 눈이 떠졌지 뭐야." 한 시간마다 깼다는 희선 님의 표현에 설렘이 고스란히 전해졌습니다. 마커스 모임을 6년간 진행하면서 처음으로 소풍을 갔던 터라 모두 설렘이 가득했죠.

점심을 먹고 회원들에게 행복한 순간을 사진으로 담아오라는 미션을 주었습니다. 회원들은 조별로 다양한 사진을 단톡방에 올렸습니다. 서울숲에 가족들과 소풍을 온 아이가 비눗방울을 불고 있는 순간, 회원들이 얼굴 탑을 만들어 함께 찍은 사진이 단톡방에 올라왔습니다. 순간 포착을 어찌나 잘했는지 저도 흐뭇하게 바라보았습니다. 회원들은 "어른이 된 후로 해맑게 웃고 떠들며 놀았던 때가 언제였는지 모르겠어요"라고 말했습니다. 소풍이 끝나고 집에 돌아간 회원들은 개인톡으로 "근하 대장님, 이렇게 멋진 추억 만들어줘서 고마워요. 정말 행복했어요. 내년에도 또 가요"라고 소감을 보내왔습니다. 또 한 번 제 마음도 훈훈해졌습니다.

저 사진만 보면 흐뭇함과 뿌듯함이 느껴졌고 아이의 비눗방울과 함께 동심으로 돌아가 인생 샷을 찍은 회원들, 잠 못 들었던 전날의 풍경 등이 떠올라 마음에 온기가 더해졌습니다.

다음 사진은 마커스 독서 모임의 운영진 유선 씨의 사진입니다. 그녀는 마커스 소풍 사진 중 아래 사진을 인생 샷으로 꼽았습니다. 덧니가 있어서 사진을 찍을 때마다 입을 항상 가리고 찍는다던 그녀, 한 번도 함박웃음을 지으며 찍은 사진이 없다던 그녀가 게임을 하며 활짝 웃고 있었습니다. 단톡방에 올라온 자신의 사진을 보고 '정말 행복했구나' 하는 생각이 들었답니다. 환하게 웃고 있는 사진 한 장이 그날의 감흥과 스토리를 고스란히 그녀에게 선물했습니다. "이제 좀 더 용기 내서 웃으며 사진을 찍어도 되겠어요"라고 씩씩하게 말하더군요.

덧니가 있어 한 번도 환하게 웃지 못했다는 유선 씨가 환하게 웃고 있는 사진

미소에 대해 자신감을 얻은 그녀를 보며 덩달아 행복해졌습니다. 난생처음 소풍을 주관한 거라 긴장한 하루였는데 집에 와서 사진을 다시 들춰 보니 심장이 안정적이고 규칙적으로 뛰더군요. 감정과 스토리, 온기가 느껴지는 사진 한 장은 이처럼 심장에 에너지를 선사합니다.

평정심에 도움이 되는 사진 한 장을 핸드폰에 저장된 사진 중에서 뽑아봅시다. 그리고 출력해서 자주 볼 수 있는 공간에 붙여보세요. 감정이 흔들릴 때마다 사진을 보며 그때의 감흥을 느껴보면 어떨까요?

시각적 닻 내리기

Q. 에너지가 고갈되는 감정이 느껴질 때 보기만 해도 미소가 지어지는 사진
이 있나요? 어떤 사진, 어떤 풍경을 보면 기분이 좋아지나요?

(핸드폰을 열어 최근에 찍은 사진 중에서 미소 짓게 하는 사진을 찾아봅니다.)

....

....

....

....

Q. 그 순간의 감정과 스토리, 온기를 표현해보세요.

· 감정:

· 스토리:

· 온기:

음악은
마음의 벽을 무너뜨리고

청각적 닻 내리기

감옥에 갇혀본 적이 있으신가요? 감옥에는 물리적 공간의 감옥도 있지만 정서적 감옥도 있죠. 일 감옥, 입시 감옥, 글 감옥 등. 제 경우는 책을 준비하며 글 감옥에 빠져 있었습니다. '누군가의 마음 회복에 도움이 되는 글을 쓰자'라는 생각에 행복하기도 했지만 글이 잘 써지지 않아 고통스러울 때도 많았습니다. 8개월 정도 매일 두세 시간씩 글을 썼어요. 글감이 떠오르지 않는 날이면 가슴이 답답하기도 하고 심장이 뛰기도 하고 배앓이를 하며 장이 예민해지기도 했죠. 글 감옥에 갇힌 사람만의 이야기는 아닐 겁니다. 일 감옥에 빠져 있는 사람, 입시로 힘들어하는 학생들도 마음이 답답할 때가 있잖아요.

감옥에 대한 이야기로 시작했으니 실제 감옥을 배경으로 찍은 영화 한 편을 소개해보겠습니다. 바로 〈쇼생크 탈출〉입니다. 촉망받던 은행 부지점장 앤디(주인공)는 아내와 그 애인을 살해한 혐의로 종신형을 받고 쇼생크 교도소에 수감됩니다. 강력범들이 수감된 이곳에서 재소자들은 짐승 취급을 당하거나 개죽음을 당하기 십상이죠. 앤디가 은행 부지점장이었다는 것을 알게 된 교도소장은 앤디에게 금융 업무를 맡깁니다. 교도소장의 세금 문제를 도와주며 간수들의 비공식 회계사로 근무하던 어느 날, 그는 사무실에서 금융 업무를 하다가 사무실 문을 조심히 잠그고는 모차르트의 오페라 〈피가로의 결혼〉 중 〈편지 이중창〉이라는 노래를 틉니다. 그 순간 교도소 곳곳에 아름다운 여성의 목소리가 울려 퍼지기 시작하죠.

영화 속에서 친구 레드(모건 프리먼 분)는 모차르트의 음악을 듣는 순간, 이렇게 표현합니다.

"그 목소리는 이 회색 공간의 누구도 감히 꿈꾸지 못했던 하늘 위로 높이 솟아올라 마치 아름다운 새 한 마리가 새장으로 날아 들어와 그 벽을 무너뜨린 것 같았다. 그리고 아주 짧은 순간 쇼생크의 모두는 자유를 느꼈다."

음악을 듣는 내내 하늘을 쳐다보는 재소자들도 있었고, 눈을 감고 있는 이들도 있었습니다. 재소자들의 경직된 마음이 음악으로 마사지를 받는 듯했습니다. 억울하게 옥살이를 하고 있던 앤디는 온몸을 의자에 파묻은 채 〈편지 이중창〉을 들으며 웃고 있었죠. 그때 처음으로 교도소에서 앤디가 웃는 모습을 보았습니다.

대한스트레스학회에서 발간한 《스트레스 과학》에 따르면 음악은 스트레스로 인한 긴장을 이완시키고 긍정적인 정서로 변화시키는 데 가장 많이 활용됩니다. 특히 음악은 면역 시스템과 관련한 호르몬 중에 S-lgA라는 면역 항체와 관련이 있습니다. S-lgA는 침, 눈물, 소화기, 기관지 등의 점액에서 분비되는 것으로 감기, 장염 등을 유발하는 박테리아와 바이러스로부터 몸을 보호해주고 면역력을 향상시킨다고 알려져 있습니다. (긴장성 배앓이를 했던 제게 장염 유발 바이러스로부터 몸을 보호한다는 말이 위로가 되기도 했죠.)

또한 음악 감상은 긴장과 이완을 조절하는 자율신경계에도 영향을 미칩니다. 쉽게 말하면 인간은 음악을 들으면서 멜로디와 화음에서 느껴지는 각각의 특성에 따라 포근한 느낌, 따뜻한 느낌의 정서를 경험합니다. 〈도깨비〉라는 드라마를 즐겨 보던 때가 있었습니다. 친한 후배와 만나면 드라마와 OST에 대해 이야기꽃을 피웠죠. 후배는 가기 싫은 모임이 하나 있었다고 했습니다. 어쩔 수 없이 모임에 참석한 날, 모임 장소인 카페에 들어가는 순간 드라마 〈도깨비〉의 OST인 〈Beautiful〉이라는 음악이 흘러나왔다는군요. 그러자 그녀는 순식간에 마음이 편안해졌다고 했습니다. 음악의 멜로디와 화음이 따뜻한 느낌으로 전해져 그녀의 긴장을 이완시켜준 거죠. (이 방법은 긴장을 이완하는 데 다소 단기적인 방법이기도 합니다. 음악으로 감정을 이완시키려면 감정이 이완되는 음악을 미리 설정해서 반복적으로 들으면 더욱 효과적입니다.)

글이 잘 안 써지던 날, 친한 친구가 김동률의 〈출발〉이라는 노래를 문자로 보내줬습니다. 음악을 들으며 작업을 하는데 기분이 좋아지면서 글에 대한 희망까지 느껴졌습니다.

'가끔 길을 잃어도 서두르지 않는 법'이라는 노랫말이 제 마음을 위로했습니다. 페이스북에 소소하게 올렸던 글들을 읽고 누군가는 위로가 된다고 응원해주고 책을 내도 좋겠다고 지지해주었습니다. 기분 좋은 응원이었지만 더욱 실력을 쌓고 싶었죠. 독자들에게 미안한 글은 쓰고 싶지 않아서 글쓰기를 제대로 배워보고 싶었습니다. 용기를 내어 글쓰기 선생님께 글을 두어 편 보냈습니다. '엉성한 글'이라는 평가를 받았습니다. 부연 설명이 더 마음 아팠습니다. 논리의 모순이 많고 억지스러우며 사례와 이론이 맞지 않아 글들이 덜컹거린다고 하셨죠. 이제까지 써왔던 글들이 대부분 엉성하다는 말을 들었을 때 책을 내는 일은 멀게만 느껴졌습니다. 피드백을 받고 나니 책을 내야 할지 말아야 할지, 포기해야 하는 건 아닌지 고민이 되기도 했습니다. 좋은 글에 대한 인식의 다리를 건넜기에 그 전처럼은 쓰고 싶지 않은 마음도 간절했지요. 이때 친구가 보내준 김동률의 노래 가사가 구구절절 와닿았습니다.

'가끔 길을 잃어도 서두르지 않는 법. 때로는 넘어져도 내 길을 걸어가네. 더 넓은 세상으로.'

힘들 때마다 듣고 또 들었습니다. 음악이 의기소침하던 제게 용기를 주더군요.

음악은 제 삶 곳곳에서 유익을 가져다주었습니다. 감정의 전환을 여러 번 경험했죠. 성격상 강의가 있는 날 매우 긴장하는 편인데 아침에 화장할 때마다 음악을 들으면서 긴장을 풀었습니다. 프로젝트나 발표, 미팅 등이 있을 때도 무척 도움이 되었죠. 피아노 연주(찬송가)를 자주 듣는데요. 유튜브에 올라온 피아노 연주곡을 찾아보니 그 아래 음악을 들은 사람들의 댓글들이 눈에 띄었습니다.

"이국 땅 독일에 와 있습니다. 저녁에 이 연주들을 들으면 정말 위로가 됩니다. 아우토반을 운전할 때 이 연주가 마음을 안정시켜주어 힘이 될 것 같아요. 정말 감사합니다."

"안녕하세요. 제가 불안증과 우울증이 있는데 몇 달 전부터 불면증이 더 심해졌어요. 무작정 CCM을 검색했는데 소개해주신 곡들을 알게 되어 매일 밤 들으며 잠을 청합니다. 얼마나 위안받고 있는지 몰라요. 정말 감사합니다."

댓글에는 위로와 따스함, 편안함, 안정감 등의 감정 언어들이 가득했습니다.

음악은 앞에서 소개한 닻 내리기 중 청각적 닻 내리기에 속합니다. 흔들리는 상황에서 감정을 좀 더 평안하게 만들어주죠. 음악을 자신의 감정적 배경으로 설정해놓으면 누군가를 만나러 가거나 새로운 도전을 할 때도 음악의 평온함이 자신의 감정적 배경이 됩니다. 사람마다, 그리고 그날의 기분에 따라 음악 선곡도 달라지죠. 중학교 2학년인 딸은 아침에 학교 갈 준비를 할 때마다 방탄소년단이나 〈프로듀스 101〉에 나온 노래들을 듣습니다. 저는 아침에는 빠른 템포의 음악보다 차분한 음악을 즐겨 듣습니다. 한 사람의 음악 취향도 꼭 정해진 것이 아닙니다. 때에 따라 차분한 음악이 좋을 때가 있고, 활기찬 음악이 좋을 때가 있습니다. 중요한 것은 그 음악들이 자신의 심장을 편안하게 해주는지를 느끼면서 선정해놓는 것입니다.

에너지 확장　청각적 닻 내리기

당신에게 편안함을 안겨주는 음악 리스트를 뽑아보세요.

1. ....

2. ....

3. ....

4. ....

5. ....

칭찬은
폭력이다?

감사 일기

제가 다니는 교회의 담당 간사님은 교구 식구들에게 칭찬을 자주 해주시는 분이셨습니다.

"○○ 씨는 어쩜 이렇게 요리를 잘해요? 너무 맛있어요."

"○○ 씨는 못하는 게 뭐예요? 요리도 잘하고 만들기도 잘하고 옷도 잘 입고 너무 훌륭해요."

이렇게 칭찬 일색이셨죠. 칭찬을 들을 때 교구 식구들의 표정을 보면 뭔가 불편해 보이기도 하고 어색해하는 모습이 종종 눈에 띄었습니다. 개인적으로 이야기를 나누어보면 "저 제육볶음도 간신히 했어요. 그런데 자꾸 요리 잘한다고 하시니까 부담스러워요" 또는 "제가 못하는 게 얼마나 많은데요. '다 잘한다', '훌륭하다' 그러시는데 저런 칭찬을 들으면 부끄러워요"라고 말했습니다. 칭찬은 고래도 춤추게 한다지만 때로는 부담스러운 독이 되기도 합니다. 부담을 느끼는 이유는 여러 가지가 있겠지만 칭찬 속 인물과 현실 속 인물이 차이가 나기 때문 아닐까요?

칭찬을 하는 상대방은 자신의 관점에서 칭찬을 합니다. 예를 들어 "저 사람은 친절해"라고 칭찬하면 관점에 따라서는 '말을 잘 들어주는 사람', '웃으며 대해주는 사람'을 친절하다고 표현하는 것인지도 모릅니다. "저 사람은 참 배려심이 있어"라는 표현 또한 내가 정해놓은 몇 가지 배려심 있는 행동 중 하나를 했을 때 하는 말입니다. 자신의 판단에 의해 상대방은 칭찬의 대상이 되기도 하고 그렇지 않기도 하죠. 결국 칭찬도 관점에 따라서는 폭력이 됩니다.

그렇다면 칭찬이 삶에 에너지가 되게 하려면 어떻게 표현하면 좋을까요?

감사로 전환해서 표현하면 좋겠습니다.

한번은 남편이 열흘간 베트남으로 출장을 간 적이 있었습니다. 아쉽게도 제 생일이 끼어 있는 주간이었죠. 생일 아침, 아무런 기대도 하지 않고 침대에서 빈둥거리며 누워 있었습니다. 일정도 잡지 않았죠. 부엌에서 달그락거리는 소리가 들리더니 딸이 저를 불렀습니다.

"엄마, 일어나. 밥 먹어."

"어? 밥?"

살짝 의아했습니다. 딸이 아침 일찍 일어나 부엌에서 무언가를 하는 일은 거의 없었거든요. 부엌에 가보니 딸이 미역국과 흰쌀밥, 그리고 제가 좋아하는 치즈 케이크 한 조각을 준비해놓고 기다리고 있었습니다.

"세상에나! 딸! 너무 감동이다. 눈물 날 것 같아. 우리 딸이 이렇게 미역국도 끓여주고 밥도 챙겨주고 엄마가 제일 좋아하는 치즈 케이크까지 준비해주니 너무 고맙고 벅차네. 사실 엄마는 아빠가 출장 가서 생일상을 받을 거라고는 상상도 못 했거든. 그런데 우리 딸이 챙겨줘서 엄마가 존중받고 관심받는 것 같아 너무 행복해. 고마워. 사랑해."

생일날 저는 관심받고 싶었고 가족의 축하를 받고 싶었습니다. 그 마음을 어떻게 알았는지 제가 원하는 것을 해준 딸에게 한없이 고맙더군요.

"어떻게 알았어. 엄마가 이렇게 먹고 싶었던 거?"

"내가 어제 저녁에 곰곰이 생각해봤지. 다 준비하고 잔 거야."

감사가 절로 나왔습니다. 감사는 내가 얻고자 한 결과가 누군가의 노력에 의해 이루어졌음을 인정하는 표현입니다. 엄마가 원하는 바를 알고 딸이 아침 일찍 일어나 생일상을 차렸다고 생각하니 딸의 노력이 감사함으로 다가왔습니다. "왜 이렇게 요리를 잘해?"라고 칭찬하는 것보다 내가 원하는 것을 들어주고 애써준 상대방의 행동에 대해 묘사하고 감사를 표현할 때 서로가 더 의미 있는 관계를 맺을 수 있습니다.

수강생들에게 "가족이나 친구를 칭찬해보세요"라고 미션을 주면 '일을 잘해요', '부지런해요', '성실해요', '착해요'라고 표현합니다. "이런 칭찬의 말에 감동받으신 분이 있으신가요?"라고 물으면 아무도 손을 들지 못하고 서로를 그저 바라보기만 합니다. 칭찬은 상대가 감동하지 않을 가능성이 높고 당사자도 형식적인 칭찬으로 끝낼 때가 많습니다. 상대에게 내가 어떤 부분이 고마웠는지 장면을 상세하게 표현할 때 감사의 감흥이 더 풍성해집니다.

'우리 딸은 마음이 따뜻해요'라는 칭찬을 감사로 전환한 P 씨의 사례를 공유해보겠습니다.

"프로젝트 결과물이 잘 안 나와서 속상한 상태로 집에 들어왔는데 열 살짜리 딸이 마루에서 놀다가 막 뛰어오더니 저를 꽉 안아줬어요. 그러면서 '엄마 향기 너무 좋다. 엄마가 일찍 와서 너무 좋아'(장면 설명) 하는데 울컥했어요. 마음이 따듯해지더라고요.(감정) 이날 위로(원하는 바)가 필요했거든요. 딸에게 너무 고마웠어요."

친구에게 '고마운 사람'이라는 칭찬을 감사로 표현하고 싶다는 수강생 L 씨는 이렇게 말했습니다.

"회사에서 여직원들이 모두 저만 빼고 회식을 한 날 '왕따를 당한 건가?' 싶더라고요. 억울해서 친구에게 전화를 했어요. 그때 시간이 밤 11시가 넘었었는데 친구가 일 마치고 집으로 가는 길이라고 하더라고요. 그냥 알았다고 하고 끊었죠. 그런데 11시 30분인가? 친구가 전화해서 저희 집 근처에 도착했다고 나오라고 하더군요. 본인도 피곤했을 텐데 바로 달려와서 위로해줬어요.(장면 설명) 그때 감동했죠. 그날 정말 슬펐거든요.(감정) 위로(원하는 바)가 필요했는데 친구가 시간 내줘서 정말 고마웠어요."

제3자 입장에서 들어도 무엇 때문에 고마운 사람이라고 표현하는지 머릿속에 자세히 그려졌습니다. 그날의 감정과 감흥도 고스란히 전해졌고요.

작년에 회복탄력성을 높이기 위한 훈련으로 수강생들에게 일기장을 선물로 드리고 감사 일기를 함께 쓴 적이 있습니다. 멤버들은 처음에는 단답형으로 감사를 표현하곤 했습니다. "○○○ 님 밥 사줘서 감사합니다", "좋은 강연 들을 수 있어서 감사합니다", "홍보를 도와줘서 감사합니다"라고 말이죠. '감사(고맙게 여기는 마음)'라는 단어를 쓰고 있는데 감사함의 감정이 일렁이지 않는다는 분도 있었습니다. 스스로도 감흥에 젖지 않고 형식적일 때가 많다고요. 형식적인 느낌이 든다면 감사의 상황을 떠올려보고 그때의 감정에 잠시 머물러보았으면 좋겠습니다.

《엄마의 말하기 연습》의 저자 박재연 소장은 "감사는 관찰에서 발견되고 표현으로 연결된다"라고 했습니다. 감사 표현을 장면 묘사-감정-원하는 바(욕구) 순으로 자세히 표현하다 보면 서로의 삶에 기여하는 기쁨을 찾게 됩니다. 감사를 표현하는 이유는 삶에서 긍정적인 것을 더 잘 음미하고, 나아가 나와 상대를 연결하여 의미 있는 관계로 확장하기 위해서입니다. 감사는 상대와 나의 삶을 좀 더 가치 있게 만들어 주는 에너지원이 됩니다.

감사 일기

Q. 감사한 사람을 떠올려보세요. 상대의 어떤 모습을 보니 감사가 느껴지나
요? 장면을 묘사해보고 그때 느꼈던 감정과 원하는 바가 어떻게 이루어졌
는지를 표현해봅시다.

1. 장면 묘사

....

....

2. 감정

....

....

3. 원하는 바(욕구)

....

....

내 마음의 햇살을
그대에게

마음 햇살 보내기

2장에서 말씀드렸던 로봇 청소기는 자신이 가지고 있는 배터리 용량
만큼만 에너지를 사용합니다. 인간은 로봇과 다르게 자신이 가지고 있
는 배터리 용량을 늘릴 수 있습니다. 회복탄력성의 기존 보유량을 높
일 수 있다는 의미입니다. 어떻게 늘릴 수 있을까요?

회복탄력성을 연구하는 하트매스 연구팀에서 입증한 방법인데요.
기존 보유량을 높이는 방법은 바로 시프트 앤드 샤인(shift and shine)입
니다. 이 방법은 3단계로 이루어져 있습니다. 1단계, 관심과 주의를 심
장으로 이동합니다(shift). 2단계, 긍정적 감정을 불러일으키는 상황을
상상하며 마음을 평안한 상태로 유지합니다. 3단계, 보살핌이 필요한
대상을 향해 심장으로부터 감사, 배려, 관심, 연민 등의 마음으로 따뜻

하고 밝은 빛을 보냅니다(shine). '심장으로 이동한다'와 '밝은 빛을 보내다'는 의미에서 'shift and shine'이라는 명칭을 붙였습니다.《나와 우리 아이를 살리는 회복탄력성》의 저자 최성애 박사는 이를 '마음 햇살 보내기'로 의역했습니다. 마음 햇살 보내기는 재충전된 에너지가 심장에 계속 머물고 회복탄력성의 보유고를 키울 수 있게 해주는 과학적으로 검증된 방법입니다.

에너지를 누군가에게 나눠주면 자신의 회복탄력성 기본 용량이 확장되는 장점이 있습니다. 예전 같으면 쉽게 짜증 나고 에너지 고갈이 느껴질 상황도 좀 더 느긋하고 여유롭게 대할 수 있죠.

〈원더〉라는 영화가 떠오릅니다. 안면 기형 장애를 가지고 태어나 27번의 성형수술을 한 주인공 어기의 좌충우돌 성장 이야기인데요. 아들에게 더 넓은 세상을 보여주고 싶었던 엄마 이자벨(줄리아 로버츠 분)과 아빠 네이트(오언 윌슨 분)는 홈스쿨링만 하던 어기를 학교에 보내기로 다짐하고 용기를 내어 첫걸음을 뗍니다. 그러나 학교 친구들은 어기를 보자마자 이렇게 말하며 어기에게 상처를 줍니다.

"저렇게 흉한 건 난생처음 봐."

"내가 저렇게 생겼으면 평생 가면을 쓰고 살겠다."

속상한 마음으로 집에 돌아온 아들에게 엄마는 말합니다.

엄마: 넌 못생기지 않았어.

어기: 내 엄마니까 그렇게 말하는 거잖아요! (큰소리로 말하며 엄마의 말을

맞받아칩니다.)

엄마: 엄마니까 너를 제일 잘 알잖아. 자존감이 낮은 사람들이 주로 그런
       단다. 상대가 유치한 행동을 하면 너는 어른스럽게 대해주렴. 넌 기
       적 같은 아이란다.

아빠: 넌 알지 모르겠지만 난 네 얼굴이 좋아. (아빠도 어기의 마음에 에너지
       를 더합니다.)

　어기의 부모는 아들의 얼굴을 마주 보며 지지와 인정의 말로 에너
지를 줍니다. 그들은 아들을 학교에 데려다준 후 학교 정문 앞에서 바
로 뒤돌아 가지 않습니다. 먼발치에서 아들의 뒷모습을 바라보면서 기
도합니다. 오늘 하루도 잘 지내길 바라면서 말이죠.

　부모님에게 마음 햇살을 가득 받은 어기는 우여곡절도 있었지만
차츰 학교 생활에 적응하기 시작합니다. 어기는 너스레를 떨며 친구들
에게 이렇게 말합니다.

　"난 생김새가 평범하지 않을 뿐이야. 이렇게 잘생기려면 성형수술
을 여러 번 받아야 돼."

　학기 초에 친구들에게 자신의 안면 기형인 얼굴을 보여주기 싫다
며 헬맷을 쓰고 다녔던 어기의 모습을 떠올리면 엄청난 변화였습니다.
예전 같으면 쉽게 짜증 냈을 일들도 여유롭게 대처하는 그의 행동에서
회복탄력성의 기존 보유량이 높아졌음을 느꼈습니다.

　저도 일상에서 마음 햇살 보내기를 실천하고 있습니다. 직업상 에

너지가 고갈되는 일들이 많다 보니 좀 더 넉넉하게 회복탄력성 보유량을 높여두고 싶은 마음에서 말이죠.

강의를 하러 가기 전에 심장 호흡을 하고 내 안에 감사한 것을 떠올리며 오늘도 만나는 수강생들에게 도움 되는 강의를 하고 있는 모습을 상상합니다(긍정적 감정을 불러일으키는 상황 상상). 그들의 일상에 조금이나마 위로와 기쁨이 되는 모습을 떠올립니다. 신기하게 상상만 했을 뿐인데도 기쁨과 감사의 에너지가 느껴지더군요.

제가 운영하고 있는 마커스 독서 모임을 하러 가는 날에도 오고 있는 회원들에게 마음 햇살을 보냅니다. 심장 호흡을 먼저 합니다. 그다음으로 삶에 도움이 되는 메시지를 전하고 있는 저를 상상해봅니다. 회원들의 오시는 발걸음에 기쁨과 설렘이 가득하기를 기원하기도 하고요. 이렇게 마음 햇살 보내기를 해놓고 나면 모임 장소 문을 열고 들어오는 회원들과 눈빛만 마주쳐도 마음이 따스해집니다. 상상으로 전달한 에너지가 그들에게 전달된 느낌이 들어 온기가 더해지더군요.

모임 단톡방에 상을 당했거나 다쳤거나 슬픈 소식이 올라오면 하던 일을 잠시 멈추고 심장 호흡을 합니다. 내 안에 감사한 일을 떠올린 후 마음에 평안함이 느껴지면 연민의 마음을 모아 '○○님 힘내요. 많이 아프고 힘드실 것 같아요. 마음으로밖에 위로할 수 없지만 당신의 마음에 저의 마음 햇살이 조금이나마 힘이 되길 바라요'라고 눈을 감고 기도하듯 마음 햇살을 보냅니다.

종종 친구와 함께 밥을 먹을 때도 식사 기도를 하며 앞에 앉은 친구를 위해 마음 햇살을 보냅니다. '이 식사를 통해 친구가 에너지를 얻고 일과 가정에도 기쁨이 가득하기를 응원합니다'라고 말이죠. 1분도 안 되는 시간인데 그들에게 에너지를 보내고 나면 제 안에도 에너지가 채워지는 신기한 경험을 하곤 합니다.

마음 햇살 보내기는 수험생의 합격을 기원하는 부모님의 기도나 유학 간 아들의 건강을 염원하는 엄마의 기도와는 다릅니다. 먼저 심장 호흡과 긍정 정서(기분 좋아지는 상상)를 통해 평온한 마음 상태를 갖춘 후 (돌봄이 필요한) 상대에게 따스한 에너지를 보낸다는 데 차이가 있습니다. 더불어 마음 햇살을 보내는 훈련을 하루에 10~15분 정도 주기적으로 해주면 에너지가 고갈되는 경험을 하더라도 에너지 보유량이 넉넉해져서 그렇지 않은 사람들에 비해 여유롭게 문제를 대할 수 있는 힘이 생깁니다.

이 책을 선택한 당신에게도 마음 햇살을 보냅니다.

"때론 불행하고 때론 울적한 날이 오더라도 주도적으로 에너지를 충전하며 삶의 기쁨을 만끽하길 소원합니다."

에너지 확장   마음 햇살 보내기

힘들어하는 누군가가 떠오른다면 잠시 하던 일을 멈추고 마음 햇살 보내기를 실천해봅시다. 마음 햇살을 보내는 방법은 3단계입니다.

1. 첫 번째, 심장 호흡을 서너 번 정도 합니다.
2. 두 번째, 긍정적인 감정을 느껴서 심장이 정합 상태(교감신경과 부교감신경이 균형을 이루는 상태)가 되도록 합니다.
3. 세 번째, 내면에서 느껴지는 따뜻하고 밝은 에너지를 누군가에게 보내는 상상을 하며 배려나 관심, 사랑을 깊이 느껴봅니다. 이 작업이 활성화되면 우리 몸에 DHEA라는 활력 호르몬이 생성되면서 마음의 배터리 용량이 증가합니다.

에너지 충전으로
건강한 나를 만들어요

회복탄력성을 배우기 전에는 제 안에 숨어 있는 에너지를 찾기보다 화를 더 많이 끌어당기며 살았습니다. 부지불식간에 에너지가 고갈되는 상황에 놓이게 되면 얼굴에서 티가 많이 났습니다. 해파리처럼 속이 다 들여다보이는 사람이었습니다. 심장은 몹시 떨리고 얼굴은 붉으락푸르락하고 감정 조절이 되지 않았죠. 겉으로는 평온한 척하며 살았지만 속으로는 언성을 높이고 화를 키웠습니다. 어쩌면 그래서 더 우울과 슬픔이 가득했는지도 모릅니다.

그럴 때마다 궁금했습니다. 나만 이럴까? 회복의 에너지가 넘치는 사람들은 어떤 삶을 사는 것일까? 몹시 궁금했습니다. 동일한 경험을 하더라도 기분 좋게 웃어넘기는 사람들, 부드럽고 여유 있게 넘어가는 사람들을 보면 연구 대상이었죠. 어떤 삶을 살아왔기에 저들은 저렇게 여유 있게 갈등을 해결하나 싶었습니다.

그 방법에 대한 궁금증이 이 책의 출발점이었습니다. 용기 내어 글을 쓰게 된 것은 회복탄력성 강의를 들은 수강생들의 피드백 덕분입니다. 많은 수강생들이 에너지가 고갈될 때 에너지를 충전하는 다양한 방법들이 삶에 도움이 되었다고 말해주었습니다. 자신의 에너지가 고갈되는지도 모르고 내달리던 수강생들은 잠시 하던 일을 멈추고 심호흡을 하기 시작했고, 자신에게 에너지를 주는 활동들을 찾아 실천해보기 시작했습니다. 남편은 출근길에 버스를 놓쳐 조바심이 나면 회사에 도착하자마자 좋아하는 커피를 마시며 '충전 중'이라는 문자를 보내기도 했습니다. 또한 〈매일경제〉에 회복탄력성 칼럼을 연재하며 사람들의 댓글과 응원에 힘입어 글을 썼습니다. 페이스북에 1,000화가 넘는 일상 이야기를 올리며 많은 사람에게 힘이 되는 글을 쓰고자 했던 저의 염원이 모여 이 책이 완성되었네요.

회복탄력성은 특별한 사람만이 가지고 있는 재능이 아닙니다. 누구나 연습을 통해 회복탄력성 용량을 키울 수 있습니다. 1장에서 에너지가 방전되는 순간을 알아차렸다면, 2장에서 회복(충전) 방법을 익히고, 3장에서 에너지를 확장하는 단계로 연습하셨으면 좋겠습니다. 회복탄력성 훈련을 통해 원치 않는 갈등 상황에서도 내면의 에너지를 잘 챙기는 우리가 되었으면 좋겠습니다.

에너지 충전으로 건강한 나를 만들어요

책을 마무리하며 드는 생각과 감사한 사람들을 말씀드리고 싶네요. 여름 내내 쏟아냈던 글감들을 정리하고 초고를 쓰고 퇴고를 하기까지는 그야말로 회복탄력성이 필요한 순간들이었습니다. 좌절과 희망을 동시에 안겨주었거든요. 도움이 되길 바라며 쓴 글이 누군가에게는 불편한 글이 되지는 않을까 고민했고, 제 주장의 반대편에 있는 사람들의 의견도 포용하고 싶었습니다. 사례와 이론이 잘 매칭되는 논리정연한 글을 쓰고 싶은 바람도 있었고요. 글쓰기 실력이 부족해서 잠을 설치거나 좌절하기도 하고, 자다 말고 눈물짓는 날들도 많았습니다. 그럼에도 불구하고 글을 쓴 것은 제 삶의 변화가 누군가에게 희망이 되길 바랐기 때문입니다. 글을 쓸 수 있음에 감사했고, 저의 글을 통해 삶의 작은 변화를 느낄 수 있는 미래의 독자들을 생각하며 글을 이어나갔습니다.

제 글을 보시고 충분히 책으로 낼 수 있다고 응원과 격려를 아끼지 않으셨던 장치혁 대표님! 마음으로부터 우러나오는 감사를 전합니다. 제 원고를 긍정적으로 검토해주시고 아버지에 대한 이야기가 마음에 와닿아 선택해주신 서사원 출판사의 장선희 대표님! 스토리로 연결된 인연에 대해 감사한 마음 가득합니다. 만날 때마다 "책 써야지. 책을 써! 김 강사"라며 독려해주신 맹명관 교수님, 김형환 교수님, 그리고 한근태 저자님 감사합니다. 제게 촉진제가 되어주셨네요. 필력을 고민하던 제게 정합성과 구체성, 표현력을 키우는 글쓰기 코칭을 해주신 글쓰기 선생님께도 감사드립니다. 힘들 때마다 에너지를 주기 위해 글

감옥에서 함께 글을 써주신 곽 소장님, 에너지 받고 글 쓰라며 매일매일 응원 전화를 해준 유 대표님, 그리고 제 건강을 위해 물심양면 러닝코치로 1년간 지도해준 오 코치님, 덕분에 신체적 탄력성도 높아졌네요. 진심으로 감사합니다.

"대장님 책은 언제 나오는 거예요?"라며 시종일관 저의 책을 응원하고 기다려준 마커스 독서 모임 회원님들에게도 진심으로 감사드립니다. 제 책이 나올 수 있게 1년 동안 응원해준 에너지 클럽 회원들, 기도로 힘이 되어준 교구 식구들에게도 감사함을 전합니다. 모두 진심으로 감사합니다. 유년 시절의 아픔을 통해 제가 더 많은 사람들을 이해할 수 있도록 키워주신 부모님께도 무한히 감사드립니다.

가장 감사한 사람은 남편이 아닐까 싶습니다. 집필에만 몰입할 수 있도록 2019년 내내 회사일과 집안일을 도맡아 해준 남편. 당신의 지원과 응원이 없었다면 이 책을 내기 힘들었을 거예요. 고맙고 사랑합니다. 마지막으로 올해는 꼭 책을 내라며 작년부터 엄마에게 편지로 응원해주었던 딸, 고맙고 사랑한다. 엄마의 글이 네가 인생을 살아가는 데도 힘이 되었으면 좋겠구나. 네가 이 세상에 태어나 나에게 힘이 되어준 것처럼.

회복탄력성에 대한 글을 쓰는 동안 행복과 고통이 공존했습니다. 햇살만 가득한 날들을 소원하지만 우리의 몸이 들숨과 날숨이 공존할 때 건강하듯 고통과 기쁨이 공존할 때 건강한 삶이라고 생각합니다.

이 책을 선택해서 읽어주신 독자님께도 건강한 삶이 함께하기를 소원합니다. 당신의 삶이 회복되는 과정에 저의 글이 조금이나마 위로가 되고 희망이 되었으면 좋겠습니다. 감사합니다.

2020년 3월
서재에서 김근하

참고 자료

- 《나와 우리 아이를 살리는 회복탄력성》, 최성애 지음, 해냄, 2014.
- 《회복탄력성》, 김주환 지음, 위즈덤하우스, 2011.
- 《몸과 영혼의 에너지 발전소》, 짐 로허·토니 슈워츠 지음, 유영만·송경근 옮김, 한언, 2004.
- 《내 안의 긍정을 춤추게 하라》, 바버라 프레드릭슨 지음, 우문식, 최소영 옮김, 물푸레, 2015.
- 《아웃라이어》, 말콤 글래드웰 지음, 노정태 옮김, 김영사, 2009.
- 《에디톨로지》, 김정운 지음, 21세기북스, 2014.
- 《몰입의 즐거움》, 미하이 칙센트미하이 지음, 이희재 옮김, 해냄, 2007.
- 《옵션 B》, 셰릴 샌드버그·애덤 그랜트 지음, 안기순 옮김, 와이즈베리, 2017.
- 《삶이 내게 말을 걸어올 때》, 파커 J. 파머 지음, 홍윤주 옮김, 한문화, 2019.
- 《회복탄력성이 높은 사람들의 비밀》, 조앤 보리센코 지음, 안진희 옮김, 이마고, 2011.
- 《E형 인간》, 변광호 지음, 불광출판사, 2017.
- 《죽음의 수용소에서》, 빅터 프랭클 지음, 이시형 옮김, 청아출판사, 2005.
- 《비폭력 대화》, 마셜 B. 로젠버그 지음, 캐서린 한 옮김, 한국NVC센터, 2017.

- 《긍정심리학》, 스티브 R. 바움가드너·마리 K. 크로서스 지음, 안신호 외 옮김, 시그마프레스, 2009.
- 《최성애·조벽 교수의 청소년 감정코칭》, 최성애·조벽 지음, 해냄, 2012.
- 《여덟 단어》, 박웅현 지음, 북하우스, 2013.
- 《행복일기》, 최성애 지음, 책으로여는세상, 2014.
- 연결의 대화 교재, 리플러스 연구소
- 비폭력대화 NVC1 교재, 비폭력센터
- 《스트레스 과학》, 대한스트레스학회
- 세바시 영상-신동미 배우 편

일상에 지친 당신을 위한 행복 에너지 채우기

내 마음은 충전중

초판 1쇄 발행 2020년 4월 17일

지은이 김근하
펴낸이 장선희

펴낸곳 서사원
출판등록 제2018-000296호
주소 서울시 마포구 월드컵북로400 문화콘텐츠센터 5층 22호
전화 02-898-8778
팩스 02-6008-1673
전자우편 seosawon@naver.com
블로그 blog.naver.com/seosawon
페이스북 @seosawon **인스타그램** @seosawon

홍보총괄 이영철 **마케팅** 이정태 **교정·교열** 박나래 **디자인** [★]규

ⓒ 김근하, 2020

ISBN 979-11-90179-22-5 03190